말의 품격을 더하는
보이스 스타일링

말의 품격을 더하는
보이스 스타일링

●

김나연 지음

가연

들어가는 말

_보이스 스타일링이란? ● 08

chapter **5**

당신에게 어울리는 보이스 캐릭터를 찾아라.

이 표시가 있는 예문은 '보이스 스타일링
– 김나연의 보일러(https://voiler.modoo.at)'에서 바로 들으실 수 있습니다.

보이스 스타일링이란?

나는 성우다.

20여 년 넘게 방송과 각종 홍보, 광고 같은 영상물에 내 목소리를 얹는 일을 하며 살아왔다. 아무리 훌륭한 영상이라 하더라도 영상 자체만으로는 뭔가 부족하다. 음악과 음향에 내레이션까지 입혀지면, 영상은 좀 더 이해하기 쉬워지고, 숨을 불어넣은 듯 살아난다. 나는 그런 작업에 쉼 없이 참여하며 영상에 어울리는 소리를 내기 위해 발성과 발음, 호흡법에 대해 고민해왔다.

그렇게 성우로서 내 목소리를 찾기에 바빴던 시간들이 지나자 주변 사람들의 소리들이 들리기 시작했다. 듣는 사람의 귀를 한없이 거슬리게 하는 하이 톤의 목소리부터 쉼표 없이 자신의 말만 쏟아내는 사람, 본인의 생각을 입 밖으로 내지 못하고 우물거리다 속으로 삼키는 사람, 유치한 말투를 습관적으로 쓰는 사람, 선천적으로 혀가 짧거나 구강구조의 이상으로 발음에 문제가 생긴 사람, 로봇처럼 감정은 쏙 뺀 채 기계적으로 말하는 사람⋯⋯. 몇몇 친분이 있는 사람들에겐 발음과 발성을 잡아주며 고쳐보려 했지만 일반인들에겐 생각보다 '제대로 된 말하기'는 쉬운 일이 아닌 듯 보였다.

이유가 무엇일까? 시중에서 인기를 끌었던 스피치 트레이닝 서적을 열심히 들춰 봤지만 거기에도 해답은 없었다. 아나운서나 방송 내레이션, 연기에 기반을 둔 교습서가 태반이어서 일반인들이 따라 하기에는 어려움이 있었다. 제대로 된 말하기가 필요한 사람들이 모두 아나운서나 성우, 연기자를 꿈꾸는 사람들은 아니기 때문이다. 또 누구를 흉내 내서 그 사람처럼 말한다는 것은 내 것이 될 수 없다. 그저 앵무새처럼 주어진 텍스트를 잠시 따라 읽는 것일 뿐. 온전히 평상시에 쓰는 '내 말'이 되기엔 한계가 있어 보였다.

어떻게 해야 제대로 된 말하기가 가능한 것일까. 한동안 이 의문을 가슴에 품은 채 살았다. 그러다 성우에 입문하려는 제자들을 키우게 되었다. 뼛속까지 성우가 되기 위해선 영상물의 원고가 있을 때나 없을 때나, 일상에서 하는 모든 말들이 '제대로 된 말하기'여야 한다. 제자들을 지도하며 나는 확실한 깨달음을 얻었다.

'침묵은 금이다.'라는 말이 명언이었던 시절이 있었다. 하지만 지금은 좀처럼 그 말에 동의하기 어려운 시대가 되었다. 다른 사람들 앞에서 자신의 생각을 표현하고 명확히 전달해야 수많은 경쟁을 뚫고 나아갈 수 있고, 또 기회를 잡을 수 있다. 입학과 입사를 위한 마지막 과정을 생각해보자. 대부분의 마지막 관문은 면접이다. 어쩌면 지금은 '제대로 말하는 것이 금'인 시대다. 말이 그만큼 중요해졌고, 따라서 우리는 진정 '제대로 된 말하기'가 필수처럼 되어버린 시대를 살고 있다.

우리가 평상시에 외모를 가꾸고 스타일링 하듯 보이스에도 스타일링이 필요해진 것이다. 외모는 단순히 시각적인 매력을 보여주지만 목소리는 그 사람의 내면과 무게를 보여주기에 어쩌면 외모보다 더 중요한 것이 바로 보이스라는 생각이 든다. 아름다워지기 위해 외모를 가꾸고 새로운 스타일의 옷을 입듯 나를 표현하는 방식에 보이스 스타일링을 추가하자.

보이스 스타일링은 내가 주인공이다. 내가 거울을 보고 나를 체크하듯 나의 보이스를 스타일링 하는 것은 나의 본질을 올바르게 바라보고 찾아가는 과정이며 스스로를 치유하는 힐링의 과정이다.

나는 당신이 보이스 스타일링을 통해 삶이 더욱 당당해지고 인간관계가 매끄러워지면서 점점 더 많은 기회가 당신 앞에 펼쳐질 것임을 확신한다.

| 시작 | 말하기 호흡

- 내 목소리의 진단 (나의 중저음 찾기)
- 어린아이의 호흡으로 돌아가기 (복식호흡)
- 나만의 호흡법 (날숨으로 말하기)
- 나를 찾는 과정 : 나의 목소리를 찾는다 (주체성)

chapter 1

당신의 목소리를 만나면
삶을 변화시킬 수 있다.

 이 표시가 있는 예문은 '보이스 스타일링
– 김나연의 보일러(https://voiler.modoo.at)'에서 바로 들으실 수 있습니다.

당신의 목소리를 만나면
삶을 변화시킬 수 있다.

1

당신에게
보이스 스타일링이 필요한 이유

　우리는 '제대로 된 말하기'를 배운 적이 없다.

　누군가는 이 말에 반발할지도 모른다. 하지만 지나온 날들을 돌이켜 보면 수긍이 갈 것이다. 태어나 처음 엄마, 아빠를 시작으로 '말'이란 것을 시작한 이후, 하나둘 단어와 관용구들을 익히면서 자랐다. 학교에 가서는 책읽기를 시작했고, 국어와 수학, 역사와 과학, 외국어까지 지식을 쌓기에 바빴다. 하지만 음악수업에서 노래할 때의 호흡법을 배우는 것처럼 딱히 '말하기의 호흡법'을 가르치는 수업은 없었고, 우리말 발성법에 대해 배운 적도 없다. 문장을 쓰고 읽으며, 우리글의 '읽기'와 '읽기를 통한 지식 배우기'는 했어도 제대로 된 '우리말 하기'를 배운 적은 없는 것이다.

어린 시절, 초등학생들의 말투를 떠올려 보면 더욱 확실해진다. "OO초등학교 O학년 O반 OOO입니다." 이 한마디에도 어색한 말투와 이상한 리듬이 붙어 있었다. 어느 음악 서바이벌 프로그램의 연예인 코치가 말했던 '노래도 말하듯 하라.'는 시대에 우리는 모든 말을 마치 글을 읽듯 하고 있었던 것이다. 어려서부터 익힌 이 '읽기 식(式) 말하기'는 그야말로 뼛속까지 몸에 배어서 좀처럼 고쳐야겠다는 생각을 하지 못한다. 게다가 쉽게 고쳐지지도 않는다. 더욱이 호흡법과 발성법, 발음법을 따로따로 조각조각 배워서는 더욱 그렇다. 그런데 남을 흉내 내서 텍스트를 읽는 것으로 과연 개선이 가능할까.

남들 앞에서 말하는 것을 적잖이 힘겨워 하는 사람들이 예상외로 주변에 많다. '키티'라는 고양이 캐릭터가 있다. 누구나 학창 시절에 키티 인형이나 키티가 새겨진 문구류 하나쯤은 갖고 있을 정도로 우리에겐 친숙한 캐릭터다. 한데 이 고양이 캐릭터가 유독 미국에서는 인기를 끌지 못했다고 한다. 이유가 무엇일까? 어떤 사람은 그것이 바로 입 때문이라는 흥미로운 분석을 내놓았다. 키티는 눈과 코, 수염과 분홍 나비 리본은 달려 있어도 입은 없다. 말하기가 중요한 사회에서 입이 없다는 것은 그만큼 이상하고 어딘가 불편하게 여겨지는 디자인이라는 해석이다. 반면 말보다는 글을 중시하고, 입보다는 눈을 중시하는 우리 사회에서는 입이 없다는 것이 전혀 문제가 되지 않았다는 것이다. 이것은 우리 사회가 얼마나 말하기의 중요성을 인지하지 못했었는가에 대한 화두를 던지는 재미있는 분석이 아닐까 싶다.

또 하나, 영화에서 봤듯이 미국 가정의 유선 전화에는 부재중 녹음기능이 일찌감치 장착되어 있었다. 집주인의 인사말 뒤에 "지금은 집에 없으니 용건을 남겨주세요."라는 메시지가 들려온다. 미국인 대부분은 무슨 용건으로 전화를 걸었으며 다시 전화를 하겠다는 메시지를 남기지만, 우리는 대부분 그냥 끊어버린다. 상대도 없는 전화기에 말까지 남긴다는 것은 뭔가 민망하고 어색하기 짝이 없는 일인 것이다. '말하기'가 어렵고 특별한 일처럼 여겨지는 사회 분위기를 보여주는 예다. 이처럼 일상의 말하기는 단순히 소통을 위한 기술이라는 것을 넘어 우리 생활과 삶의 방식까지 지배하는 것일지 모른다.

말투가 신경질적이어서 말 한마디 한마디가 쏘는 느낌을 주는 제자가 있었다. 무슨 말을 해도 항상 싸우려는 것처럼 들려서 소리를 둥글게 내도록 가르치는 데 무척 애를 먹었다. '저 친구는 절대 성우가 될 수 없을 것 같다.'는 생각이 들 정도였다. 어떤 이는 쉼표 없이 숨 한번 제대로 쉬지 않고 계속 이어서 말하는 타입이었고, 다른 이는 발음이 아예 안돼서 10분짜리 내레이션을 연습하는 데 두 시간이 걸렸다. 평상시 말하는 것을 들어봐도 그랬다. 말에는 자신의 성격이 그대로 드러난다. 급하고 신경질적이고 예민하고 날카롭고 무성의해서 자신의 기분이나 의사와는 상관없이 입을 여는 것만으로도 주워 담을 수 없는 상황이 되는 타입들이었다. 나는 이 친구들의 성우 입문을 도우면서 호흡에서 발성, 발음 같은 '말하기의 기술' 뿐만 아니라, '말할 때의 마음가짐과 자세'에 대해서도 가르쳤고, 그러면서 그동안 내가 그토록 찾아 헤매던 '제대로 말하기'의 방법들을 찾아내어 완성했다. 그 후 내가 찾아낸 '제대로 말하기'의 방법대로 그들을 교육했고, 이 문제 많던 제자들은 공채 성우가 되었다.

군이 성우가 아니어도 이처럼 '제대로 말하기' 훈련이 필요한 사람은 주변에 부지기수다. 내 주변에는 성공한 리더들이 제법 많다. 자신의 분야에서 혁혁한 성과를 내었거나, 그 분야에서 알아주는 전문가가 된 사람들이다.

한 번은 국내 유수 기업의 대표와 이야기할 기회가 있었다. 워낙 이름만 들어도 대단한 위치에 있는 분이어서 나름 그 분의 직업관이며 이런 저런 생각을 들어보고 싶었다. 그런데 그 분과의 만남은 십 분이 채 되지 않아 엄청 불편하기 짝이 없는 자리가 되고 말았다. 소리는 너무 작고 입안에서 웅얼거리며 말을 하는 습관 때문에 발음은 뭉개져서 바짝 다가앉지 않으면 무슨 이야기인지 도통 알아들을 수 없었다. 열심히 귀를 기울였지만 나도 모르는 사이에 얼굴을 찡그리고 몇 번을 되묻기도 했다. 좀처럼 심도 있는 대화가 되지 않았다.

별다른 이해관계가 없는 나는 그렇다 처도, 만일 그 분 밑에서 일하는 직원이나 아래 사람 같은 경우는 굉장히 난감할 것 같았다. 그 분 앞에서 나처럼 얼굴을 찡그리고 있거나, 무슨 말인지 다시 말해 달라는 부탁을 할 수 있는 사람이 과연 몇이나 될까? 아무리 업무에 관한 일이라 하더라도 직원과의 소통도, 제대로 된 지시도 할 수 없는 그분이 딱하게 느껴졌다. 오지랖 넓은 나는 직업병이 도져서 몇 가지 조언을 하지 않고는 견딜 수 없었다. 다행히 그 분은 나의 지적과 조언을 오히려 고마워했고, 기업의 수장으로서 좀처럼 남들에게 말하지 못하던 평상시 말할 때의 고충을 털어놓았다.

이 분 외에도 멀쩡한 외양과는 달리 경박한 말투로 이야기 하거나 음 이탈이 될 정도로 고음을 쏟아내 불안감을 주는 사람도 있었고, 지식은 많은데 '제대로 말하기'를 못해서 학생들로부터 외면 받는 강사도 있었다. 나는 그들과 마주칠 때마다 조금씩 보이스 스타일링을 해주었고 결과는 만족스러웠다.

특히 기억에 남는 사람은 직업이 심리상담사인 여자 분이다. 수많은 상담 경험이 있음에도 말을 할 때 정확히 발음하거나 끝까지 소리를 내지 않고 우물우물 끝내버리는 버릇이 있었다. 더군다나 이런 스타일로 상대의 반응은 염두에 두지 않고 끝없이 혼자 이야기를 하다 끝을 내는 것이다. 첫 수업에서는 우선 편안한 목소리가 나올 수 있도록 호흡법과 대화방식을 바꾸게 유도했다. 그 수업이 끝나고 1주일간 훈련을 한 뒤 다시 만난 그녀는 말할 때면 두통이 있었는데, 머릿속이 맑아지는 느낌이라고 했다. 또한 이 호흡법과 대화방식, 두 가지만 바꿨는데도 주변의 반응은 크게 달라졌다고 한다. 남편과 딸이 그녀와의 대화를 무척 편안해 했고, 자신의 직업인 상담도 한결 수월해졌다는 것이다. 평소 여러 번 이야기하던 것을 단 한번으로 끝낼 수 있어서 체력적인 소모도 한결 덜었다며 의욕을 보였다. 이처럼 '제대로 말하기' 훈련은 단순히 '말하기'에만 변화가 생기는 것이 아니다. 말을 통해 그 사람의 생활이, 그리고 주변의 관계가 좋아지면서 삶까지 변화한다.

언어심리학에서는 '약을 쓰지 않고 유일하게 인간을 바꿀 수 있는 것은 언어밖에 없다.'고 정의한다. 우리가 사용하는 말, 그리고 단어에는 뉘앙스가 담겨진다. 예를 들어 '강아지' '아가' '사랑'이라는 말을 해보자. 대부분의 사람들은 저절로 입가에 웃음이 번질 것이다. 그리고 '통증' '악몽' '미움'이란 단어를 발음해 보면 미간을 찡그리게 된다.

사람은 말을 하면서 직, 간접적인 '감정 경험'을 한다. 이 때의 감정은 한 번 느끼고 없어지는 게 아니라, 같은 단어를 들을 때마다 예전에 경험한 감정을 소환한다. 그래서 '강아지' '아가' '사랑'이라는 단어에서는 긍정적인 감정을, '통증' '악몽' '미움'이란 단어에서는 부정적인 감정을 느끼게 되는 것이다.

　그렇게 긍정적인 감정을 불러내는 단어와 대화 방식을 훈련하다보면 사고방식이 변화하고, 사고방식이 변화하면 곧 자신의 삶까지 변화하는 것은 너무나 당연한 일이다. 또한 인간에게는 학습능력이 있어서 자신이 따뜻한 경험을 하게 되면 그 경험을 그대로 또 다른 상황에서도 이용하려고 한다. 그렇게 모두가 밝고 따뜻한 말을 하게 된다면, 그것은 아마도 세상을 바꾸는 힘이 될 것이다. 이것이 당신의 말하기에 보이스 스타일링이 필요한 이유다.

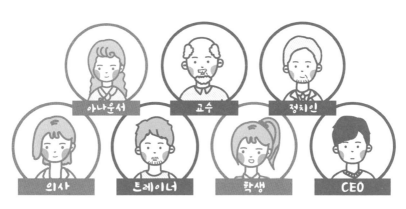

보이스 스타일링이 필요한 사람들 ✏️

이처럼 태어나서부터 말을 배우기까지, 오랜 시절 몸에 배어버린 잘못된 말하기를 개선할 수 있을까? 단언하건데 방법은 있다. 우선 말하기의 모든 기준을 밖이 아닌, 내 안에서 찾는 것이다. 내 호흡, 내 목소리, 말하는 속도, 말하는 습관 등 모든 것의 기준은 말하는 나, 바로 자신이다. 또한 말하기에는 반드시 대상이 있다. 혼잣말이 아닌 이상, 상대에게 내 의사를 전달하고 소통하는 것을 목적으로 한다. 상대를 배려하지 않는 말은 폭력과 같아서 듣는 사람도 말하는 사람도 고통스럽다.

기분 좋은 음성으로 상대와 상황에 맞게 자연스럽게 말하고, 생뚱맞지 않고 새로운 것을 인위적으로 만들어내는 스피치 훈련법이 아니기에 나의 말하기 훈련법은 그만큼 체화되기 쉽다. 이런 나만의 독특한 말하기 훈련법을 나는 '보이스 스타일링'이라 부른다.

'보이스 스타일링'은 패션 스타일리스트가 독창적인 콘셉트로 새로운 이미지와 스타일을 창출해내듯 한 사람 한 사람에게 맞는 말하기 방식을 찾아주는 일이다. 목소리에서부터 호흡법, 발성법은 물론 말하는 방식, 나아가 사회적 입장에 맞는 대화법까지 그 사람만의 개성과 장점을 살려서 말과 관련된 모든 것을 스타일링 해주는 것을 의미한다. 따라서 제3의 인물을 목표로 하는 것이 아닌, '자신에 의한, 자신을 위한, 자신의 스타일링'이 내가 말하는 보이스 스타일링의 근간이다.

　이제 마음의 준비가 됐다면 그 변화의 첫걸음을 시작해보자. 우선 자신의 호흡과 목소리를 찾는 것이 보이스 스타일링의 첫 시작이다.

당신의 목소리를 만나면
삶을 변화시킬 수 있다.

2 '솔(Sol)' 톤이 무조건 좋은 것은 아니다

　시중에 나와 있는 스피치 관련 서적을 보면, 여성들의 경우, 도 레 미 파 솔의 음계 중 '솔' 에 맞춰서 소리를 내라고 가르치는 내 용들이 많다. '솔'은 높은 음에 속한다. 우선 '솔' 톤(tone)에 맞춰 자신의 이름이나 숫자를 하나부터 열까지 세어보도록 하자. 어떤 소리인지 자신도 느낄 수 있을 것이다.

　물론 많은 스피치 강사들이 말하듯 '솔' 톤은 경쾌하고 밝다. 그러나 목소리는 저음에 비해 상대적으로 가늘어지고, 성대의 윗 부분을 많이 사용하게 된다. 그러다보니 고음을 계속해서 내는 것이 쉽지 않음을 곧 깨닫게 된다. 흔히 '삑사리'라고 하는 음 이탈 현상이 나타나고, 이렇게 소리를 계속 내다가는 성대를 혹사한 탓에 목에 무리가 와서 이비인후과를 찾아야 할지도 모른다. 노래방에서 고음의 노래를 한 시간 정도 부른 뒤에 나올 때를 떠올려 보자. 목은 칼칼하고 말하기가 쉽지 않은 경험들이 누구에게나 있을 것이다. 그것과 마찬가지 상황이다.

물론 일상생활에서 '솔' 톤을 이용해야 하는 경우도 종종 있다. 예를 들어, 어린아이들을 상대할 때다. 어린아이에게 묵직한 저음으로 이야기한다면 어린아이들은 겁을 먹을지도 모른다. 어린아이들의 높은 톤에 맞게 이야기하는 것이 훨씬 친숙함을 줄 수 있다. 또, 반가움이나 고마움을 표현할 때도 '솔' 톤은 효과가 좋다. 그래서 전화상담원 등의 서비스 업체의 직원교육에서는 특히 '솔' 톤을 가르친다. 친절한 느낌을 전달하기 쉽기 때문이다.

그러나 이 '솔' 톤을 누구나 좋아하는 것은 아니다. 사람이 느끼는 다섯 가지의 감각, 촉각과 시각, 미각, 후각, 청각은 나이와 성별에 따라 그 예민함이 조금씩 다르다고 한다. 특히 이중에서 청각은 여성들보다 남성들이 더 예민해서 남성에게 말할 때는 더 따뜻하고 낮게 말하지 않으면 듣기 힘들어 한다는 연구결과도 나와 있다. 특히 '솔' 톤을 들을 때의 경우는 여성과는 사정이 많이 다르다. 여성이 '솔' 톤으로 얘기하면 남성의 귀에는 한 톤 더 높이 들린다고 한다. '솔'이 아닌 '라'로 듣게 된다는 것이다. 옆에서

'솔' 톤의 폐해 🖉

누군가 귀에 대고 '라'음으로 계속 이야기하는 것을 상상해보자. 예민한 사람에게는 그건 소리가 아니라, 참기 힘들 만큼 몹시 귀에 거슬리는 '소음'이 되어버린다. 어린아이들의 소리가 유난히 시끄럽게 느껴지는 것도 이 때문이다. 사람은 감각적으로 자기가 듣는 음에 맞춰 그 소리를 내는 부위가 자극이 된다. 그래서 걸걸한 낮은 음을 들으면 목이 칼칼해지고, 반대로 높은음의 소리를 계속 들으면 신경이 날카로워지고 예민해지는 것이다. 그래서 높은 톤의 목소리는 조용한 카페를 순식간에 점령한다. 이처럼 높은 톤의 목소리는 밝고 경쾌하지만, 상대적으로 가늘고 날카로운 느낌을 줘서 안정감을 주는 소리는 아니라는 것을 염두에 두어야한다.

앞서 말한 대로, 전화로 고객을 응대하는 경우 '솔' 톤의 역효과는 상상을 초월할 수 있다. 전화상담에서는 고객을 친절하게 응대하기 위해 기분 좋은 소리인 '솔' 톤을 내는 것이 정석처럼 되어 있지만, 고객이 급한 상황이거나 문제가 생겨 전화를 했을 때는 '솔' 톤의 효과는 반감되기 일쑤다.

고객은 상담원에게 자신에게 생긴 문제를 이야기해서 해결해야 한다는 마음에 전화를 건다. 고객이 원하는 것은 자신의 얘기를 진지하게 들어주고 해결해주려는 노력이다. 그런데 통화내용과 무관하게 상담원이 '솔' 톤을 고수하는 것은 심하게 말하면 "당신의 상황과는 상관없이 나는 기분이 좋다."라는 느낌을 줄 수 있다. 고객으로서는 귀에 거슬리고 한층 더 불쾌해질 수 있는 것이다. 이러한 상황인데 진정성과 신뢰감을 느낄 수 없는 '솔' 톤으로 무조건 전화응대를 해야 한다고 가르치는 것은 이해하기 어렵다. 가장 좋은 톤은 상대의 톤에 맞추는 것이라고 생각한다.

3 저음 역시 부담스럽긴 마찬가지

목소리를 가다듬을 때 여성들이 한 톤 높은 음을 낸다면, 많은 남성들은 한 톤을 더 내린다고 한다. 목소리가 저음이면 한층 더 매력적인 요소로 작용한다는 것을 본능적으로 알기 때문일까? 이유야 어찌됐든 저음은 권위와 리더십, 정직, 신뢰를 표현하기에 적합한 목소리다. 캐나다의 한 대학팀의 연구는 이런 이론을 확실히 뒷받침하는 것이라 그 결과가 매우 흥미롭다.

이 대학 연구팀은 역대 미국 대통령의 목소리를 각기 고음과 저음의 두 버전으로 만들어 실험에 참가한 사람들에게 들려주었다고 한다. 그리고 목소리 주인공의 리더십, 정직, 지능, 권위, 매력을 평가하게 했다. 또 전쟁이 일어났을 때 어떤 목소리에 투표할지도 함께 물었다. 그 결과 참가자들은 모두 저음의 주인공을 지지했다고 한다.

이 실험의 참가자들처럼 대부분의 유권자들은 목소리가 저음인 정치인을 권위와 믿음, 리더십과 매력을 갖춘 사람으로 받아들인다는 결론이다. 이 결론에 확신을 더할 수 있는 결과는 또 있다. 1960년대부터 2000년까지 미국에서 치러진 여덟 차례의 대통령 선거에서 승리한 후보가 모두 저음의 소유자였던 것이다. 이처럼 목소리의 높낮이는 정치인의 성공에 영향을 미치는 절대 요소가 되어 왔다. 우리나라에서 치러진 지난 대통령 선거에서도 한 후보자의 목소리가 변한 것을 놓고 여기저기 회자되었던 것을 보면 목소리의 위력이 얼마나 대단한지 알 수 있을 것이다.

탤런트 중에도 일명 '목욕탕 목소리'라고 해서 목욕탕에서 이야기할 때처럼 평소에도 웅웅 울리는 목소리의 소유자가 있다. 성우 중에도 이런 저음을 갖고 있는 성우가 몇몇 있다. 그 중 나와 친한 후배가 어느 날 찾아와 푸념을 늘어놓았다. 집에서 노래를 부를 때면 어느 정도 들어줄만한데 노래방에만 가면 사람들이 귀를 막거나 지루해 한다는 것이다. 아직 어린 나이의 성우라서 우리나라의 회식 문화에서 빠지지 않는 노래방을 늘 피할 수도 없는 입장이라 난감하다는 것이었다.

노래방에 가본 경험이 있다면 대부분 노래방 기기나 리모컨에 에코 기능이 장착되어 있는 것을 알 것이다. 유난히 우리나라 노래방에는 이 에코 기능을 많이 높여놓아서 마치 동굴 안에서 노래를 부르는 느낌이 드는 경우가 많다. 아마도 음치라고 해도 노래를 잘 부르는 것처럼 들리게 하려는 노래방 주인장의 배려일지도 모른다. 하지만 가뜩이나 저음의 목욕탕 목소리로 노래를 하는데, 거기에 에코 기능까지 높여놓았다면 과연 그 소리가 어떨까? 오히려 박효신이나 성시경처럼 목소리 자체가 좋은 가수들은 무대에서 라이브를 할 때 에코 가능을 거의 쓰지 않는다고 한다.

이처럼 저음은 권위와 리더십, 정직, 신뢰를 표현하기에 적합할지 모르지만, 반대로 감정이 잘 드러나지 않아서 재미와 변화가 느껴지지 않는다. 그래서 자칫 건조하게 들린다. 바닥에 연기가 깔리듯 무겁게 가라앉는 느낌이라 무겁고 지루해질 수 있다는 의미다. 그러다 보니 상대가 집중하지 못할 수도 있다. 소리가 많이 울리면 사람에 따라서는 말의 전달력이 현저히 떨어지기 때문이다. 말의 흐름을 놓치면 듣는 사람들은 곧잘 상대의 말을 흘려버리곤 한다.

또한 톤의 변화가 굉장히 어려운 목소리가 저음이다. 사실인지 모르지만, 한 대학교수가 TV에 출연해 들려준 이야기다. 칭얼거리며 보채는 아기들에게 각국의 자장가를 들려주며 어떤 노래가 더 빨리 아기들을 재우는지 알아봤다고 한다. 거기에서 일등은 단연 우리나라의 자장가였다는데, 그 이유는 바로 이 톤의 변화가 없다는 것이었다. 저음에서 고음을 오가는 외국의 자장가를 듣던 아기들은 톤이 변할 때마다 오히려 놀라 울음을 터뜨렸지만, 저음의 한 톤으로 읊조리듯 반복되는 우리 자장가를 듣고는 제일 빨리 단잠에 빠졌다는 것이다. "자장, 자장, 자장, 자장, 우리 아기 잘도 잔다, 멍멍개야 짖지 마라, 꼬꼬닭아 울지 마라." 나이가 어느 정도 있는 사람이라면 어린 시절 이 자장가를 듣고 자랐을 것이다. 이처럼 저음은 안정감을 줄 수 있는 반면, 잠이 올 만큼 지루해질 수 있다.

'저음의 지루함 ✏️

성우를 지망하는 남자들 중에는 일부러 저음을 내려고 애쓰는 사람들이 있다. 문제는 저음으로는 좀처럼 감정의 포인트를 살리기가 어렵다는 것이다. 그래서 연기 연습을 시작한 뒤에는 고음과 중음, 저음의 화음이 중요하다는 것을 알게 된다. 물론 타고난 저음의 경우는 사정이 다르다. 이러한 경우는 고음을 내기가 어렵기는 하지만, 말투나 표현 방식에 있어서 테크닉을 연마해 개성 있는 목소리를 만들어가야 한다.

당신의 목소리를 만나면
삶을 변화시킬 수 있다.

4 그렇다면 당신의 목소리는?

어떤 면에서 보이스 스타일링은 성형수술과 흡사한 면이 있다. 누구 얼굴처럼 되고 싶다는 욕망에 사로잡혀 수술을 원하지만, 정작 자신의 얼굴을 기준으로 삼는 사람은 많이 없다. 모두가 송혜교나 전지현처럼 될 수는 없다. 자신의 얼굴 전체의 생김새를 고려하지 않은 채 수술을 한다면 얼굴의 밸런스가 무너져 '성형 괴물'이 되는 경우도 있다. 자신이 부족하다고 생각한 부분을 성형수술을 통해 자신감을 회복할 수 있다면 무조건 반대할 일은 아니지만, 자신의 얼굴에 어울리는지가 기준이 되어야 한다는 말이다.

마찬가지로 우리는 누구처럼 말하고, 누구의 목소리처럼 말하고 싶다고 생각하지만, 타고난 음색의 변화 역시 그리 간단한 문제가 아니다. 철저히 자신을 기준으로 해야 하기에 '보이스 성형'이 아닌 '보이스 스타일링'이 필요하다는 의미다. 그렇기 때문에 유명 아나운서나 앵커를 따라한다고 그들의 목소리처럼 될 수 없다는 사실은 자명하다. 세상에서 가장 예쁘고 좋은 소리는 바로 자신의 목소리다.

자신의 목소리가 어떤지 확인해야 한다. 얼굴은 항상 거울을 보기 때문에 자신의 눈과 코, 입, 귀 등등의 생김새는 대충이라도 떠올릴 수 있다. 그러나 나처럼 성우나 방송인이 아닌 경우 자신의 소리에 대해 자세히 알고 있는 사람은 매우 드물다. 또 우리가 말을 할 때 상대는 내 목소리를 듣지만, 자신의 목소리는 어떤지 명확히 들을 수 없다. 그 누구보다 자신의 소리에 익숙하지 않은 것이다. 자신의 목소리를 모르고 살고 있다고 해도 과언이 아니다. 목소리가 어떤지, 무엇이 문제인지도 모른다면 개선책은 당연히 뒤따를 수 없다. 그렇다면 어떻게 해야 할까? 방법은 간단하다. 요즘처럼 핸드폰의 녹음기술이 뛰어날 때는 그저 녹음 버튼을 누르는 것만으로도 자신의 목소리를 확인할 수 있다. 핸드폰의 녹음기능을 열고 다음의 문장들을 말하듯이 읽어보자.

옛날에 아주 옛날에 보기, 듣기, 생각하기, 성적충동, 호흡이 각자 주장하기를, 삶에서 가장 중요한 것은 바로 자기라고 서로 다투었다. 아무도 물러서지 않았기 때문에 이 다툼은 오랫동안 계속되었다. 그리하여 마침내 차례로 1년씩 몸을 떠나 있기로 했다. 그러면 누가 가장 소중한지 알게 될 것이기 때문이다.

먼저 보기와 듣기가 차례로 몸을 떠났다. 보지 못하고 듣지 못하니 삶은 괴로웠지만 그럭저럭 살 수 있었다. 생각하지 못해도, 성적충동이 일지 않아도 삶은 또한 그럭저럭 꾸려져갔다. 드디어 호흡이 몸을 떠나려 하자, 모두 일어나 호흡의 손을 잡았다. 호흡이 떠나면 끝장인 줄을 알기 때문이다. 그리하여 호흡이 으뜸이 되었다.

- 우파니샤드 -   🔈 1-4-1

어린 왕자는 좀 쓸쓸한 마음으로 나머지 바오밥나무 싹도 뽑아 주었다. 다시는 돌아오게 되지 못하리라 생각했던 것이다. 그러나 늘 해오던 이런 일이 그날 아침에는 유난스레 그립게 생각되었다. 그리고 꽃에 마지막으로 물을 주고 고깔을 씌워 잘 보호하려고 했을 때에 그는 울음이 터져 나오려고 했다. "잘 있어!" 그러나 꽃은 대답이 없었다. "잘 있어!" 그는 다시 한 번 말했다. 꽃은 기침을 했다. 그러나 이것은 감기 때문이 아니었다.

- 생텍쥐페리 〈어린 왕자〉 중에서 -   🔈 1-4-2

옛날 문장가들은 명문장을 쓰기 위해서 구양수 베개를 베었다. 구양수 베개란 울퉁불퉁한 옹이가 많이 박힌 목침을 뜻한다. 그것을 베면 편안치가 않아서 잠에 깊이 빠지지 않는다. 그 어렴풋한 선잠 속에서 의식과 무의식의 그 한가운데서 보통 때에는 생각할 수 없었던 문장들이 떠오른다. 구양수의 명문들은 실제로 비몽사몽간에 씌어진 것이라고 한다. 구양수 베개는 명문장은 깊이 생각하고 끝없이 상상하는 그 힘에서 나온다는 것을 암시하고 있다.

- 이어령 〈한국의 명문〉 중에서 -   🔈 1-4-3

아사코의 어린 목소리가 지금도 들린다. 십 년쯤 미리 전쟁이 나고 그만큼 일찍 한국이 독립되었더라면, 아사코의 말대로 우리는 같은 집에서 살 수 있게 되었을지도 모른다. 뾰족 창문들이 있는 집이 아니더라도… 이런 부질없는 생각이 스치고 지나갔다. 그 집에 들어서자 마주친 것은 백합같이 시들어 가는 아사코의 얼굴이었다. '세월'이란 소설 이야기를 한 지 십 년이 더 지났었다. 그러나 아직 싱싱하여야 할 젊은 나이다. 아사코와 나는 절을 몇 번씩 하고 악수도 없이 헤어졌다.

- 피천득 〈인연〉 중에서 -   🔈 1-4-4

행복한 삶을 이루기 위해서는 첫 번째, 건전한 정신을 가지고 꾸준히 분별을 유지하려는 태도가 필요하다. 두 번째로는 용감하고 활기가 넘치며 거기에 고귀한 인내와 어떤 상황이 와도 적응하려는 태도, 신체와 여타의 욕구에 귀를 기울이되 지나치게 집착하지 않는 태도가 필요하다. 마지막으로 삶의 가치를 고양시키는 것들에 집중하되 과도한 평가를 자제하고, 행운의 여신이 주는 선물을 감사히 받되 노예가 되지 않으려는 자세가 무엇보다 중요하다.

– 세네카 〈행복론〉 중에서 – 🔊 1-4-5

※ 위 예문은 '보이스 스타일링 – 김나연의 보일러(https://voiler.modoo.at)'에서 바로 들으실 수 있습니다.

참고로 성우들이 더빙을 하는 녹음부스에 들어가면 눈앞에는 영상을 볼 수 있는 모니터가 놓여 있다. 영상에 담긴 현장의 각종 소리는 성우의 목소리 연기를 돕는다. 마이크 앞에서 더빙이 시작되면 성우들은 대부분 자신의 목소리를 듣기 위해 이어폰이나 헤드폰을 착용한다. 자신의 목소리와 호흡을 느껴야만 하기 때문이다. TV에서 가수들이 무대에 올라서기 전 이어폰을 한쪽 귀에 착용하는 장면을 많이 봤을 것이다. 무대에 올라서면 가수는 자신이 부르는 노래 소리를 제대로 들을 수 없다. 무대 앞 관중들의 환호와 각종 악기들의 반주 소리에 묻히기 때문이다. 립싱크가 거의 없어진 최근에는 많은 보컬리스트들이 마이크를 통해 수음되는 자신의 노래 소리를 이어폰으로 다시 들으며 노래를 한다. 그건 결코 겉멋이 아니다. 그리고 이어폰을 착용하지 않은 가수 중에는 노래를 부르면서 자신의 한쪽 귀를 막는 경우도 있다. 한쪽 귀를 막고 노래를 부르는 모습을 자신의 트레이드마크처럼 사용하는 가수도 있었다. 하지만 이 역시 자신의 노래 소리를 듣기 위한 노력일 뿐이다.

사람의 목소리나 노래 소리는 청각을 통해 바깥에서 들리는 소리와 귀를 막으면 골전도(Bone Conduction)의 감각으로 안에서 울려서 듣는 소리가 있다. 그래서 이를 잘 활용하면 노래하는 와중에도 자신의 소리에 집중할 수 있고 다른 소리와 구분할 수 있을 만큼 정확하게 들린다. 따라서 자신의 목소리를 핸드폰에 녹음할 때 한쪽 귀를 막고 말하면서 녹음하는 것도 도움이 될 것이다. 또 자신에게 어울리는 목소리를 찾고 난 뒤에라도 평상시 그 목소리로 이야기를 하고 있는지 확인하고 싶다면 한쪽 귀를 막아 자신의 목소리를 듣는 것도 방법이다.

자, 녹음이 끝났다면 그 다음에는 녹음된 자신의 소리를 플레이해서 들어보자. 자신의 목소리가 왠지 기계음처럼 느껴진다면, 그것은 자신의 목소리에 익숙하지 않다는 반증이다. 그것은 기계를 통해 변조된 목소리가 아니라, 바로 당신 자신의 목소리다. 자신의 목소리를 듣고 익숙해져야 자신이 어떤 패턴으로 말하는지를 알 수 있다. 목소리, 즉 음성과 소리의 높낮이나 감각적 특색을 뜻하는 음색은 어떤지, 말하는 속도와 말하는 어투는 어떤지 확인해야 한다. 그래야만 정확한 진단과 훈련이 가능하기 때문이다.

녹음된 자신의 소리가 어떻게 들리는가? 익숙해질 때까지 몇 번이고 반복해서 들어봤다면 지금부터는 개선 방법을 찾아보자. 목소리가 눌리거나 꺾여서 나온다면 그것은 소리를 낼 때의 자세가 잘못됐을 가능성이 크다. 만일 구강구조가 남들과 달라서 음성과 음색이 이상하다고 하더라도 일단 목소리를 낼 때의 자세부터 바로잡고 이 책을 통해 훈련이 끝날 무렵에는 어느 정도 자신감을 갖게 될 것이다.

소리를 낼 때의 바른 자세는 다음과 같다.

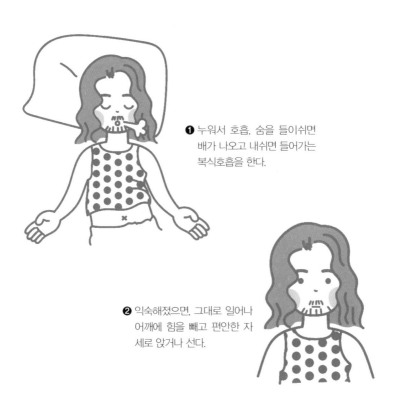

❶ 누워서 호흡, 숨을 들이쉬면 배가 나오고 내쉬면 들어가는 복식호흡을 한다.

❷ 익숙해졌으면, 그대로 일어나 어깨에 힘을 빼고 편안한 자세로 앉거나 선다.

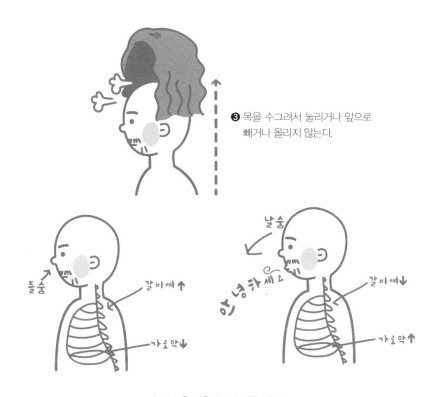

❸ 목을 수그려서 눌리거나 앞으로 빼거나 올리지 않는다.

❹ 날숨을 이용해 목소리를 낸다.

자신의 목소리를 낼 때의 바른 자세와 순서는 다음과 같다.

❶ 호흡법에 대해서는 다음 2장에서 더 자세히 설명하겠지만, 안정된 소리를 내기 위해서는 복식호흡을 해야만 한다. 대부분의 사람들이 복식호흡이 익숙하지 않기 때문에 처음에는 누워서 호흡을 해보는 것이 도움이 된다. 누워서 배가 오르내리는

상태로 편안하게 하는 호흡이 바로 복식호흡이다. 그런 다음 자신의 호흡 속도를 느껴본다. 이 호흡에 맞춰서 말하기의 속도가 결정되는 것이다. 호흡 속도가 느린데도 말을 빨리 많이 하게 되면 호흡이 부족해 도중에 말이 끊기는 경우가 많다. 또 음성이 거칠게 나오는 경우 역시 호흡이 부족하기 때문이니 말하는 중간 중간 호흡을 해야 한다.

❷ 그대로 일어나 복식호흡을 이어가며 어깨에 힘을 빼고 편안한 자세로 앉거나 선다.

❸ 목이 눌리도록 수그리거나 거북목처럼 앞으로 빼거나, 혹은 위로 올리지 말고 편안한 자세가 되어야 한다.

❹ 호흡에는 공기를 들이마시는 들숨과 내쉬는 날숨이 있다. 처음에는 익숙하지 않겠지만, 호흡을 들이마신 후 날숨에 소리를 낸다.

이때 나오는 소리가 바로 자신의 목소리다. 말을 하면서 성대에 손끝을 대고 떨림을 느껴보자. "아!"하고 고음을 내본 후 "어~어!"하고 저음을 내보면, 고음은 주로 성대의 윗부분이 떨리고 저음은 성대의 아랫부분이 떨리는 것이 느껴질 것이다. 자신의 목소리가 높은 편이라면, 평상시 주로 성대 윗부분만 사용한다는 의미다. 호흡을 이용해 성대 전체가 자연스럽게 떨리면서 소리가 나와야 하는데, 일부분만 무리하게 사용하면 성대 결절이 생기는 등 성대에 문제가 생기기 십상이다. 노래를 부를 때와는 달리 일반인들은 다양한 음역대를 사용하며 말을 하지 않기 때문에 한번 습관이 들면 고치는 것이 쉽지 않다. 성대가 상하면 소리는 점점 거칠어져서 쉿소리가 나고 음 이탈이 자주 나타날 수 있으니 지금부터라도 자신의 목소리를 바꾸는 훈련이 필요하다.

당신의 목소리를 만나면
삶을 변화시킬 수 있다.

5 <u>천상의 목소리,</u>
<u>중저음</u>

    이번에는 본격적인 보이스 스타일링의 첫걸음, 듣기에 가장 편안하고 신뢰감을 주는 목소리를 만드는 연습이다. 그 전에 먼저 목소리가 이미지에 미치는 영향에 대해 생각해보자. 얼마 전 선거를 앞둔 정치인이 갑작스럽게 목소리를 바꾸고 대중 앞에 선 경우가 있었다. 예전에는 남성 치고는 고음에 속하는, 가늘고 작은 목소리의 그 정치인은 며칠 사이 갑자기 고함을 치듯 말을 하기 시작했다. 낯선 그 목소리는 사람들의 시선을 끄는 데는 성공했을지 모르지만, 코미디 프로그램의 소재가 되었고, 언론사의 가십거리가 되었다. 그 정치인이 바라던 결과가 과연 이것이었을지 의문이 드는 대목이다.

　이런 경우는 또 있다. 데뷔작에서 인기를 얻었던 한 여성 탤런트는 차기작에서 갑작스럽게 목소리를 깔며 대사를 하기 시작했다. 목소리는 불안정하게 떨렸고, 그 탓에 연기까지 어색하게 느껴질 정도였다. 위의 두 사람 모두 목소리에 무게감을 주면서 또 다른 이미지를 연출하고 싶었겠지만, 전문가인 내 눈에는 잘못된 방식으로 자신의 목소리를 변조한 결과에 지나지 않았다. 결국 자신에게 맞지 않는 목소리를 선택하여 이미지에 손상만 입고 실패한 결과가 아니었을까?

　가장 많은 사람들이 선호하는 소리는 중저음이다. 배우 이병헌의 목소리를 떠올려보면 느낌이 올 것이다. 중저음은 가장 안정되고 신뢰감이 느껴지는 소리다. 단, 이런 중저음을 만들 때에도 누구처럼 소리를 내는 것이 아니라 내 성대를 통해 편안하게 나오는 중저음이어야만 한다. 위에서 설명한 가장 편안한 자세로 중저음을 만드는 것이 기본이고, 꾸준한 연습이 필요하다. 더구나 신기한 것은 중저음이 탄탄해지면 중저음의 소리만 자유자재로 낼 수 있는 것이 아니라 성대 전체를 이용하는 습관이 생겨 다양한 음역대를 사용할 수 있어서 오히려 풍성한 소리를 낼 수 있다.

　평상시 친한 친구나 가족들과 이야기하고 있을 때 전화가 오면, 대부분 여성은 한 톤을 올려 전화를 받고, 남성은 한 톤을 내려서 전화를 받는다. 이렇게 고음을 즐겨 써온 여성의 경우, 중저음으로 말하게 되면 남성적인 이미지가 만들어지지 않을까 염려가 될 것이다. 그러나 이것은 기우에 불과하다. 소리가 낮다고 무거운 느낌을 주는 것은 아니다. 배우 이병헌이 멜로 연기를 한다고 해서 고음을 사용하지는 않는다. 중저음은 오히려 따뜻하고 편하고 신뢰감을 준다는 장점이 있다. 말을 주고받을 때의 느낌이라는 것은 말하는 사람이 감정을 실어서 기분이 좋거나 화가 나는 느낌 등을 전달하는 것이지, 톤을 높이는 것이 아니다. 흔히 강하게 말하려고 할 때 고음을 써야 한다고 생각하고 그렇게 하지만, 오히려 소리는 가늘어져서 무게감이 실리지 않는다. 최근 흥행에 성공한 유명 느와르 영화들에서도 보면 오히려 주인공의 중저음의 대사가 훨씬 강한 인상을 준다. 소름끼치도록 무거운 그 대사를 만일 고음으로 연기했다면 너무 경박해져서 지금과 같은 느낌은 들지 않을 것이다. TV프로그램에서 많이 들리는 방청객들의 고음 리액션이 진정성은커녕 거북하게 들리는 이유는 바로 이것 때문이다. 방청객들의 기계적인 고음이 TV프로그램에 별 감흥을 주지 못한다는 이유로 최근에는 방청객의 그런 리액션을 요구하지 않는 프로그램도 많아졌다.

이제 다음과 같은 방법에 따라 자신만의 중저음의 목소리를 찾아보자.

❶ 복식호흡을 하며 어깨에 힘을 빼고
편안한 자세로 앉거나 서서

❷ 목을 수그려서 눌리거나 앞으로
빼거나 올리지 말고

❸ 성대에 손끝을 대고 성대 전체를
이용한다는 생각으로 말을 해본다.

❹ 성대 전체의 울림이 손끝에 전달되면서
소리가 난다면 그것이 바로
당신의 중저음이다.

중저음의 소리를 찾는 방법 ✎

중저음의 소리를 찾기 위해선

❶ 복식호흡을 하며 어깨에 힘을 빼고 편안한 자세로 앉거나 선다.

❷ 목을 수그려서 목젖이 눌리게 하거나, 목을 앞으로 빼거나, 위로 올리지 않는다.

❸ 성대에 손끝을 대고 성대 전체를 이용한다는 생각으로 말을 해본다.

❹ 성대 전체의 울림이 손끝에 전달되면서 소리가 난다면 그것이 바로 당신의 중저음이다.

나는 중저음의 목소리를 내면서부터 더 많은 분야에서 작업을 하게 됐다. 무게감 있는 다큐멘터리는 물론 시사 보도의 내레이션, 고가의 제품 광고, 그리고 대형 행사의 오프 엠씨(OFF MC)까지 내 목소리를 찾고 좋아해주는 사람들이 중음의 소리를 낼 때와 비교해보면 엄청나게 늘었다. 나처럼 방송이나 영상과 관련한 일이 아니어도 중저음을 내야 할 경우는 많다. 당장 상급학교로 올라가거나 입사 면접을 앞두고 있다면 더더욱 그렇다. 고민해결 프로그램에 '애기 목소리를 고치고 싶다.'는 사연의 주인공처럼 높은 톤 때문에 공연히 풋내기 취급을 당하거나 사회생활에 미숙할 것 같다는 불이익을 당하지 않기 위해서라도 꼭 신뢰감을 주는 중저음의 목소리를 찾아내고 훈련을 통해 체화하길 희망한다.

또한 2008년 아프리카 TV의 개국을 시작으로 방송국을 통해 전파를 송출하는 기존 방식이 아닌, 온라인을 통해 개인이 직접 방송을 제작하는 형태의 '1인 방송' 시대가 되었다. 아프리카 TV 에는 하루 5,000개의 채널에 동영상이 올라오고, 유튜브에서 구독자 수가 가장 많이 증가한 상위 채널 20개 중 9개가 1인 방송이라고 한다. 이처럼 1인 방송은 대중화된 스마트폰을 기반으로 날로 영향력을 더해 가고 있다. 누구나 마음만 먹으면 1인 미디어를 만들어 방송할 수 있는 시대가 온 것이다. 1인 방송의 가장 큰 매력은 자신이 직접 콘텐츠를 제작해서 다른 사람들과 쉽게 공유할 수 있어서 다른 어떤 매체보다도 소재가 다양할 뿐만 아니라 개성도 뚜렷하다. 이러한 매력 덕분에 1인 미디어의 영향력은 날이 갈수록 커지고 있는데, 무엇보다도 방송을 제작하는 사람의 능력이 절대적으로 중요하다는 생각을 지울 수 없다. 1인 방송의 진행자를 꿈꾸고 있다면 이 중저음의 목소리를 이용하는 것이 큰 도움이 될 것이라고 확신한다.

자신의 중저음을 찾았다면, 다음의 글을 소리 내어 읽고 녹음해보자. 예전의 목소리와 비교해보면 그 차이를 알게 될 것이다.

마음의 본체는 곧 하늘의 본체와 같은지라. 하나의 기쁜 생각은 반짝이는 별이며 상서로운 구름이고, 하나의 노여운 생각은 진동하는 우레이며 쏟아지는 폭우이고, 하나의 자비로운 생각은 화창한 바람이며 단 이슬이고, 하나의 엄숙한 생각은 뜨거운 햇볕이며 가을 서리이니, 어느 것인들 없어서야 되겠는가. 다만 때맞추어 일어나고 사라져서 조금도 거리낌이 없어야만 태허와 더불어 본체를 함께 하리라.

– 홍자성, '채근담' 중에서 – ◀ 1-5-1

※ 위 예문은 '보이스 스타일링 – 김나연의 보일러(https://voiler.modoo.at)'에서 바로 들으실 수 있습니다.

| 진행 | 동그라미 호흡

- 내 목소리로 전달
- 정성을 다해 제대로 말하기
- 올바른 전달력과 상대의 호흡 느끼고 듣기
- 나를 표현하는 과정

chapter 2

어린 시절의 호흡으로
돌아가라.

만일 1장에서 찾은 중저음이 몸에 잘 익지 않는다고 해서 실망하긴 아직 이르다. 그것은 복식호흡이 아직 몸에 배었을 정도로 익숙하지 않기 때문이다. 바꾸어 말하면 호흡만 바꿔도 당신의 목소리와 말하는 방식은 얼마든지 예전과 다르게 보이스 스타일링 할 수 있다는 의미다. 이번 장에서는 복식호흡을 통한 말하기 호흡과 동그라미 호흡에 대해 알아보자.

이 표시가 있는 예문은 '보이스 스타일링
– 김나연의 보일러(https://voiler.modoo.at)'에서 바로 들으실 수 있습니다.

어린 시절의 호흡으로
돌아가라

1 보이스 스타일링의 시작, 말하기 호흡

대부분의 사람들은 평소 말을 할 때 호흡을 써야 한다는 생각을 하지 않는다. 노래를 할 때처럼 호흡이 필요하다고 의식하지도 못하고, 중요성도 느끼지 않는다. 자기가 편한대로 숨을 머금고 말을 하거나 말할 때는 숨을 참는다. 습관처럼 호흡이 모자라면 잠시 말을 끊고 숨을 쉬고, 말하다 숨이 막히지 않을 만큼만 호흡을 한다. 말이 끊겨도 대충의 의미는 전달되고 또 의사전달이 부족하면 부연설명을 하면 되니, 말하기는 참 쉽다고 여긴다. 배우나 성우, 아나운서, 가수, 성악가처럼 말할 때도 호흡이 필요하다는 생각을 하는 사람들이 얼마나 될까?

그러나 호흡이 짧은 말에는 결코 말하는 사람의 교양이 느껴지거나 무게가 실리지 않는다. 호흡이 부족하면 전달력도 부족해지고 감정을 싣기도 어려워진다. 또한 발음도 발성도 제대로 되지 않아 급하게 말을 해치워버리거나 문장을 아무데서나 끊는 습관 아닌 습관이 생겨버리기도 한다. 호흡이 모자라 말이 댕강댕강 끊어지는 것은 물론, 말은 문장이 되지 못하고 거의 단어 마다 조각이 나고 만다. 또한 말할 때 호흡이 부족하면 목이 잘 쉬고 결절이 생기기 쉽다. 호흡이 부족한 상태에서 성대를 무리하게 쓰기 때문이다. 풍부한 호흡으로 성대가 자연스럽게 떨려서 소리가 나야 하는데, '생목'으로 노래하듯 말도 '생목'으로 하게 되면, 성대를 긁는 상황이 된다. 이렇게 되면 성대가 상하고 소리는 점점 거칠어져 더욱 허스키한 소리가 된다. 가수들 중에도 데뷔 초에는 미성이었던 목소리가 성대결절로 그 목소리를 잃어버리는 경우들이 있다.

이처럼 말하기에서 가장 중요한 것은 호흡이다. 그리고 배로 하는 복식호흡의 날숨을 이용해 말하는 이것을 나는 '말하기 호흡'이라고 부른다. 사람의 호흡은 들숨과 날숨으로 구분하는데 숨을 내쉬는 날숨만을 이용해 말을 한다. 호흡을 가슴 아래로 내려서 아래쪽 복부가 빵빵해지도록 숨을 들이마신 후 내뱉으면서 말을 하는 것이다. 많은 사람들은 말을 할 때 대부분 가슴 위로만 호흡을 한다. 충분하지 않은 호흡량을 가지고 말을 하다 보니 소리는 높아지고 성대의 윗부분만 사용하게 되는 것이다. 흔히 앵앵거리는 목소리가 그 대표적인 예다. 그런데 호흡을 배로 하는 복식호흡을 하다보면 호흡량이 풍부해져서 성악가처럼 몸통 전체의 울림을 이용하기 때문에 굳이 힘주어 크게 말하지 않아도 되고 성대 전체를 사용하게 된다. 그렇게 되면 발성 역시 편안해지고 좋아진다. 호흡이 좋아지면 발성은 일정 정도 그냥 따라온다. 그래서 자신의 호흡을 제대로 찾아내는 것이 '보이스 스타일링'의 첫 시작이다.

지금부터는 말하기 호흡, 즉 '내 호흡'을 찾는 방식에 주목하자. 말하기에서의 호흡량은 주로 자신이 한 호흡으로 말할 수 있는 음절수를 가리키는데, 사람마다 호흡의 습관이나 방법에 따라, 살아온 환경에 따라, 또 연령과 체형에 따라 모두 다르다. 따라서 말하기에서의 호흡 역시 자신의 호흡을 기준으로 해야만 한다.

사실 나 역시 말하기 호흡을 하게 된 건 몇 년 되지 않는다. 이 호흡법을 알기 전까지 나는 중저음의 목소리를 내기 위해서 다양한 시도를 했었다. 술을 마신 다음 날에는 약간 허스키하고 깊고 풍성한 소리가 나와서 술도 많이 마셨다. 누워서 녹음을 시도하거나 몸을 60도 정도 꺾어서 수그린 채 목소리를 내보기도 했다. 욕심만 앞서서 마이크를 향해 목을 쭉 뻗어보기도 했다. 그러다 이 호흡법을 알게 된 뒤로는 굳이 자세를 바꾸지 않고도 편안한 자세로 '말하기 호흡'만 잘하면 '자신의 목소리'로 말할 수 있다는 것을 터득하게 되었다.

사람은 태어나서 약 6세 정도까지 복식호흡을 한다. 아이들이 응애응애 울음을 터트릴 때도 복식호흡을 한다. 성장하면서 점점 호흡은 위로 올라와 가슴 위쪽을 주로 사용하는 흉식호흡이 되어버리는데, 나는 올바른 말하기 호흡을 위해 어린아이처럼 호흡할 것을 제안한다. 그렇게 하기 위해선 우리가 가장 편안한 자세를 취해보는 것이 필요하다. 일상생활 중에서 복식호흡을 하는 경우는 잠을 자기 위해 누웠을 때와 맛있는 음식을 먹을 때, 아무 생각 없이 멍하니 있을 때 등이다.

보이스 스타일링에서 이야기하는 '말하기 호흡'의 첫 번째 과정은 자신의 호흡을 스스로 느껴보는 것이다. 복식호흡을 하기 위해서 우선 편안한 자세로 누워보자. 말하기 호흡을 시작할 때 일부러 자리에 누워 복식호흡을 연습하는 데에는 이유가 있다. 숨을 쉬어야 한다고 의식하기 시작하면, 목과 몸이 긴장하게 된다, 그렇게 되면 오히려 소리가 꺾여서 역효과가 나기 쉽다. 따라서 숨 쉬는 것을 의식하지 않게 될 정도까지 우선 복식호흡이 몸에 익숙해지는 연습부터 시작하는 것이 필요하다.

누운 채로 자신의 호흡에 집중해 자신의 호흡 속도와 호흡량을

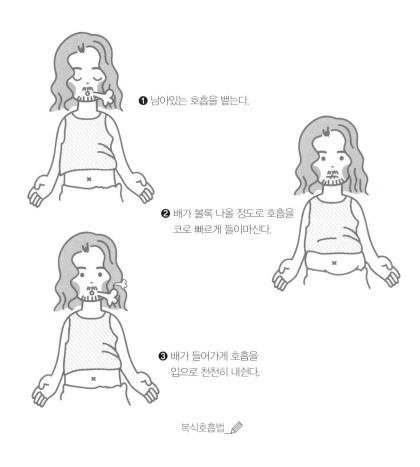

❶ 남아있는 호흡을 뱉는다.

❷ 배가 볼록 나올 정도로 호흡을
코로 빠르게 들이마신다.

❸ 배가 들어가게 호흡을
입으로 천천히 내쉰다.

복식호흡법_

느껴보자. 그것이 바로 '내 호흡'이다. 이렇게 내 호흡을 찾았다
면, 복식호흡을 해 보자. 배가 한껏 부풀어 오를 때까지 코로 숨
을 들이쉬었다가 배가 들어가도록 입으로 숨을 천천히 뱉는 연습
을 계속하면 된다. 이때 중요한 것은 남아있는 호흡을 입으로 후
~하고 끝까지 내 뱉는 것이다. 더 이상 뱉을 호흡이 없을 때 코로

배가 부풀어 오를 때까지 빠르게 호흡을 채워 넣은 뒤 다시 배가 등에 닿을 때까지 서서히 입으로 뱉는다. 처음부터 호흡량을 억지로 늘릴 필요는 없지만, 훈련을 통해 호흡량을 늘리는 연습을 반복하면 된다.

복식호흡을 하면서 차분해지는 기분이 들고 마음이 안정되었다면 성공이다. 어쩌면 우리는 그동안 짧은 호흡으로 숨 가쁘게 살아오면서 말도 급하고 더불어 마음까지 급하고 여유 없이 살아왔던 것은 아닐까? 나는 호흡이 아래로 내려오면 내려올수록 마음에 여유가 생기고 덕분에 긍정적인 생각을 더 많이 하게 되는 경험을 했다.

굳이 보이스 스타일링 때문이 아니어도 심리적 안정에도 많은 도움이 되는 것 같아 많은 사람들에게 복식호흡을 권한다. 사실 조급한 상황이 되거나 불안정한 상태가 되면 호흡은 가빠지고 말도 빨라지는 경우가 많다. 사람들은 호흡하는 것을 의식하면서 살지는 않지만, 가끔은 자신이 어떻게 숨 쉬고 있는지 집중해보는 시간이 필요한 것 같다. 지인 중에는 스트레스를 받으면 숨이 제대로 쉬어지지 않아 호흡이 짧아져 말까지 거칠고 급하게 나온다며 하소연하는 사람이 있다. 말은 사람의 생각과 마음을 좌우하는 것이어서, 반대로 자신의 심리상태를 알 수 있는 좌표가 된다고 생각한다. 지금 당신의 말이 편안하지 않다면 제대로 숨을 쉬지 못하는 의미일 것이다.

어찌됐든 꾸준히 연습해서 복식호흡이 몸에 익숙해지면, 그 다음부터는 복식호흡을 이용해 말하는 연습을 시작하면 된다. 호흡이 몸 아래쪽으로 내려가면 심리적으로도 안정되고 편안해져서 오랜 시간 말을 해도 문제가 없다. 호흡량이 늘어나 한 번의 호흡으로 말할 수 있는 음절수가 늘어나고, 말하기에서 자유롭다는 생각이 들 것이다.

어린 시절의 호흡으로
돌아가라

2

날숨을 이용한
말하기 호흡과 동그라미 호흡

　말하기 호흡이란 간단하다. 복식호흡의 들숨과 날숨 중에 '날숨'에 말을 하면 되는 것이다.

　내가 가르친 제자 중에는 A4용지 2장 분량의 원고를 읽는데 2시간이 넘게 걸리는 사람이 있었다. 호흡뿐만 아니라 발성과 발음에도 문제가 있어서 그것을 하나하나 잡다보면 10분 정도의 원고를 소화하는 데 두 시간이 훌쩍 지나고 마는 것이다. 이런 상태가 개선되지 않으면 촌각을 다투는 방송 판에서는 너무나 큰 결격사유가 된다. 그 친구를 가르치는 나조차도 "저런 상태라면 절대 성우가 될 수 없을 것 같다."는 생각이 들 정도였으니까. 나한테 배우기 전에 이미 다른 곳에서 발성과 호흡, 발음 교습을 받고 왔는데도 불구하고, 이 친구의 머릿속에는 발성법과 발음법, 호흡법이 각각 따로 따로 각인되어 있었다.

말은 순간이다. 한 음절을 내뱉는 순간, 본인이 배운 발성법과 발음법, 호흡법을 순식간에 적용시킨다는 것은 거의 불가능하다. 발성에 신경을 쓰다보면 발음이 꼬이고, 발음에 신경을 쓰다보면 호흡이 막힌다. 나는 그 친구를 지도하면서 너무나 간단명료한 말하기 호흡을 깨닫고 보이스 스타일링 방법을 완성했다. 진리는 언제나 심플하다. 발성과 발음, 호흡을 한 번에 해결하면 되는 것이다. 이게 바로 보이스 스타일링에서의 '날숨'을 이용한 '말하기 호흡'인 것이다. 말은 숨을 뱉으면서 하는 것이다. 무조건 날숨에 말하는 것, 그것이 바로 발성법이다. 발성은 호흡이 성대를 접촉해 목구멍을 통해 나오는 것이며 발음 역시 그 호흡의 힘으로 조음기관을 통해 자연스럽게 완성된다.

이러한 놀라운 진리를 깨닫고 나는 마치 신대륙을 발견한 콜럼버스 마냥 흥분하였다. 어찌 보면 너무나 당연한, 언제나 그 자리에 있던 진리를 왜 이제야 발견하고 정립하였나 싶기도 하고 지금에라도 이 진리를 깨달은 것이 한없이 감사하기도 했다. 나는 이 '말하기 호흡'을 내 제자들에게 가르쳤고 많은 제자들은 나와 같은 성우의 꿈을 이루었다. 이렇게 제자들과 수강생들을 가르치던 중 나는 문득 작은 욕심이 생겼다. 과연 '말하기 호흡'이 '보이스 스타일링'의 마지막 단계일까? 더 이상의 진리는 없는 것일까? 나의 의문은 멈추지 않았다. 그러던 중 '말하기 호흡'을 사용하면서도 '제대로 된 말하기'를 못하는 많은 사람들의 공통점을 찾게 되었다. 그들은 자신의 말을 성의 없이 공중으로 날려버리거나 이상한 곳에 악센트를 주기도 하고 혹은 상대의 호흡을 무시하고 혼자만 말하는 안 좋은 습관이 있었다. 그때 나는 생각했다. "나에게서 출발한 호흡은 다시 나에게 돌아와야 하지 않을까?" 그렇다. 자연에 존재하는 모든 것에는 시작이 있고 끝이 있고 또 다시 시작이 있다. 호흡도 마찬가지다. 좀 전에도 말했듯이 진리는 심플하다. 순환. 써클(Circle). 동그라미. 바로 그 생각이 또 다른 진리, '동그라미 호흡'의 시작이었다. 즉 '동그라미 호흡'은 '말하기 호흡'의 업그레이드 버전인 셈이다.

'말하기 호흡'을 통해 나온 나의 호흡이 동그랗게 상대를 감싸듯 원을 그리며 다시 나에게로 돌아오게 하는 호흡법. 나는 이것을 '동그라미 호흡'이라 이름 지었다. 나의 호흡 집을 출발해서 입을 통해 나온 말은 가상의 동그라미를 그리며 대상을 거쳐서 다시 나의 호흡 집으로 돌아온다. 상대가 한 명이면 작은 동그라미를 그릴 것이며, 상대가 많아지면 큰 원을 그릴 것이다. 이러한 과정에서 나는 동그랗게 형상화 되어 그려지는 나의 호흡을 통해 상대의 호흡을 느끼고 생각을 읽으며 기다릴 수 있게 된다. 바로 여기서 상대방이 보이기 시작하며 상대방에 대한 이해와 배려, 여유가 생긴다.

보이스 스타일링은 이렇게 '동그라미 호흡'을 통해 단순히 말하는 것에서 듣고 말하는 것으로 확장되는 것이다. '말하기 호흡'을 통해 자신의 호흡과 목소리를 찾고, '동그라미 호흡'을 통해 대상을 인식하고 느끼고 듣는 것. 시야의 확장과 배려. 제대로 된 소통과 공감. 그것이 '보이스 스타일링'의 핵심이다.

사실 나는 보이스 스타일링을 할 때, 종종 '말하기 호흡'을 '동그라미 호흡'이라고 표현한다. 자칫 '말하기 호흡'과 '동그라미 호흡'이 헷갈릴 수도 있지만, 실상 둘은 거의 같은 호흡이다. '말하기 호흡'으로 나온 호흡이 가상의 원을 그리며 다시 나의 호흡 집으로 돌아온다는 느낌이 곧 '동그라미 호흡'이다.

그럼, 다시 한 번 '동그라미 호흡'에 대해 차근차근 알아보도록 하자. 일단 입을 통해 배에 남아 있는 호흡을 모두 빼낸 뒤 코로 숨을 빠르게 들이마시어 배에 호흡을 충분히 채운다. 그 다음 입으로 호흡을 내뱉으면서 이 날숨을 통해 나의 중저음이 성대를 타고 나가도록 해본다. 이것이 바로 발성이 되고 이 발성이 조음 기관인 혀와 입, 입술 등을 거쳐 올바른 발음으로 나오게 된다.

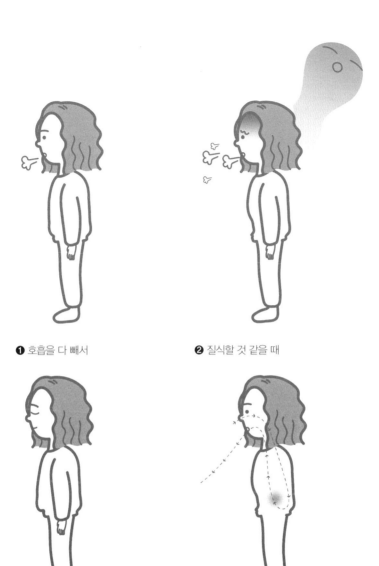

❶ 호흡을 다 빼서

❷ 질식할 것 같을 때

❸ 호흡을 들이마시고

❹ 숨을 뱉으면서 날숨에 말을 한다.

'동그라미 호흡'을 통한 말하기 훈련_✏️

그리고 나에게서 나온 호흡은 다시 동그랗게 원을 그리며 나의 호흡 집으로 돌아오는 형상이 되는 것이다. 처음에는 이렇게 동그라미 호흡에 말까지 얹어서 하는 것이 힘들 수도 있지만, 내 호흡과 소리가 자연스럽게 원을 그리며 내 몸 속을 순환하고 나를 정화시키며 변화시키고 있다고 생각하면서 연습해보면 조금 더 수월하게 느껴질 수 있을 것이다.

사실 말을 하기 위해 입을 열기 전 첫 동작은 바로 숨을 뱉는 것이어야 하는데 보통의 사람들은 숨을 머금거나 참는다. 그러니 첫 단추부터 잘못 꿴 말하기를 어렵게 이어가고 있는 것이다. '말을 하기 전에는 들숨, 말을 할 때는 날숨'이라는 이 간단한 원리에 따라 자연스럽게 다음 문장을 한번 말해보자.

나는 어린 왕자가/ 철새들의 이동을 이용해서/ 빠져 나왔으리라고 생각한다./ 길을 떠나던 날 아침/ 그는 자기별을 깨끗이 챙겨 놓았다./ 불을 뿜는 화산을/ 정성 들여 쑤셨다./ 어린 왕자는/ 활화산이 두 개 있었다./ 그리고 이것은/ 아침 식사를 끓이는 데에/ 매우 편리했다./ 그는 꺼진 화산도/ 하나 있었다./ 그러나 그의 말처럼,/ "어떻게 될지 알 수 없는 것이다."/ 그리고 꺼진 화산도/ 쑤셔 주었다./ 화산들은 쑤셔 주기만 잘하면/ 폭발하지 않고/ 조용히 규칙적으로/ 불을 뿜는다.

― 앙뜨안 드 생텍쥐페리, '어린 왕자' 중에서 ― 🔊 2-2-1

나는 이제/ 작은 언덕에/ 잠시 앉아 있겠다./ 하느님의 뜻에 따라/ 승리는 이루어질 것이다./ 왕비 마가렛과 클리포드는/ 나에게 전투장을 떠나라고/ 잔소리를 한다./ 내가 없는 편이/ 더 전쟁에 유리하다는 주장이다./ 차라리 죽었으면 좋겠다./ 하느님의 뜻이 그러하다면/ 이 세상은/ 고통과 슬픔으로/ 가득 차 있기 때문이다./ 오 하느님,/ 가난한 양치기 팔자가/ 더 행복할 듯합니다./ 지금 나처럼 산언덕에 앉아/ 해시계의 눈금 하나하나를/ 솜씨 있게 새기면서/ 세월이 흐르는 일을/ 보는 것이다.

- 셰익스피어 〈헨리 6세〉 중에서 - ◀ 2-2-2

아씨는/ 어머니가 차려온 점심상을/ 체면불구하고/ 아귀아귀 먹기 시작했다./ 아씨는 뱃속에/ 정말 아귀가/ 한 마리 들어앉은 것처럼/ 한번 동안 맹렬한 식욕을/ 도저히 걷잡지를 못했다./ 마음껏 포식을 한 아씨는/ 당장 얼굴에 화색이 돌아/ 어깨로 숨을 쉬며/ 곯아떨어졌다./ 딸의 그런 꼴을/ 망연히 지켜보던 박씨/ 상을 들고 나와서/ 다시 헛손질을 하기 시작했다./ 곡기를 끊은 병자도/ 죽기 전에 한번은/ 저승길 양식을 챙기느라/ 포식을 한다지만/ 저리도 달게/ 저리도 엄청나게/ 먹을 수가 있을까?

- 박완서 〈미망〉 중에서 - ◀ 2-2-3

아버지는 따뜻한 사람이었다./ 아버지는 사랑에 기대를 걸었었다./ 아버지가 꿈꾸는 세상은/ 모두에게 할 일을 주고/ 일한 대가로 먹고 입고/ 누구나 다 자식을 공부시키며/ 이웃을 사랑하는 세계였다./ 그 세계의 지배 계층은/ 호화로운 생활을 하지 않을 것이라고/ 아버지는 말했었다./ 인간이 갖는 고통에 대해/ 그들도 알 권리가 있기 때문이라는 것이었다./ 그곳에서는/ 아무도 호화로운 생활을/ 하려고 하지 않을 것이다.

- 조세희 〈난장이가 쏘아올린 작은 공〉 중에서 - ◀ 2-2-4

※ 위 예문은 '보이스 스타일링 – 김나연의 보일레(https://voiler.modoo.at)'에서 바로 들으실 수 있습니다.

　위 문장을 읽을 때 염두에 두어야 할 것이 있다. 문장의 첫 단어 '나는 어린 왕자가'는 날숨에 소리를 실어서 내야 하고, '/' 부분에서는 숨을 다시 들이마신 뒤(들숨) 다시 숨을 뱉으면서 날숨에 '/' 바로 뒤의 단어를 소리 내야 한다. 그리고 한 문장을 말하고 다음 문장을 바로 연이어 말하지 않을 때는 호흡만 들이쉬고 내쉰다.

비교적 짧은 문장임에도 호흡과 발성에 신경이 쓰여 아마도 말하기가 편안하지 않았을 것이다. 그렇다면 좀 더 쉽게 날숨을 이용하는 방법이 있다. '말하기 호흡'이 익숙하지 않은 상태로 호흡을 들이쉬고 난 다음 호흡을 내쉬며 말을 하려고 하면 시작부터가 힘들어진다. 호흡을 들이쉬어야 한다는 의식 때문에 자칫 복부만 움직일 뿐, 호흡을 충분히 하지 않아서 말하기가 힘들어지기 때문이다. 발상을 전환하면 예상외로 방법은 간단하다. '말하기 호흡'의 훈련은 숨을 들이쉬는 것이 아니라, 반대로 호흡을 빼는 것부터 시작해보자. 몸 안에 있는 호흡을 전부 내보낸다고 생각하고 숨을 뱉는다. 이렇게 되면 사람은 본능적으로 호흡을 들이마시게 된다. 배가 부풀 때까지 한껏 숨을 들이쉰다. 다시 숨을 뱉는 날숨에 말을 하면 된다. 그리고 뱉은 나의 호흡은 나의 호흡집으로 동그랗게 원을 그리며 다시 돌아온다고 상상해보자.

한 문장이 끝날 때까지 한 호흡으로 말을 하고 다시 숨을 들이쉬었다가 날숨에 말을 시작하는 것을 반복하면 된다. 처음에는 호흡이 길지 않을 테니 비교적 짧은 문장으로 연습하는 것이 좋다. 말하기 호흡의 호흡량만큼 음절수를 말하고, 훈련을 통해 호흡량이 늘어나면 음절수를 늘려 나가면 된다.

- 사랑은/ 언제나 너무 빠르게 다가오거나/ 너무 느리게 다가온다.
- 보이스 스타일링 교육을 통하여/ 나는/ 진정한 나의 목소리를 찾았다.
- 기회는 평등하고/ 과정은 공정하며/ 결과는 정의로워야 한다.
- 셰익스피어 작품의 가치는/ 인간의 감정을 드러내는/ 재능에 있다.
- 그녀는 이별까지도/ 아름답다고 생각하는/ 아름다운 사람이었다.
- 그 소설에는/ 숨가쁘게 살아온/ 우리들의 이야기가/ 담겨 있다.
- 왜 사냐고 묻거든/ 그냥 웃지요.
- 사느냐 죽느냐/ 그것이 문제로다.

🔊 2-2-5

※ 위 예문은 '보이스 스타일링 – 김나연의 보일러(https://voiler.modoo.at)'에서 바로 들으실 수 있습니다.

사실 어디서 호흡을 끊느냐가 중요한 이유는 또 있다. 숨을 쉬는 위치에 따라 말의 뜻이 조금씩 달라지기 때문이다. 예를 들어 위의 첫 문장 "사랑은 언제나 너무 빠르게 다가오거나 너무 느리게 다가온다."에서 '사랑은'에서 숨을 쉬어주면 '사랑은'을 강조하는 표현이 되고, '언제나'는 뒤에 오는 '너무 빠르게 다가오거나 너무 느리게 다가온다.'를 강조하는 표현이 되어 매끄러운 말하기가 되는 것이다.

어쨌든 위의 글들을 한 호흡으로 말하게 됐다면 다음으로는 좀 더 긴 문장에 도전해보자.

도서관은/ 단순히 책을 모아놓고 보여주는 창고가 아니라/ 수시로 세미나를 열어서 토론을 하는 장소로써/ 이렇게 고전과 현대의 다양한 작품을 읽고/ 저자가 전달하려고 하는 내용을 파악하는 교육을 받고/ 끊임없이 글을 쓰는 훈련을 하게 되면/ 작가가 될 수 있는 기초적인 능력을 갖출 수 있게 되는데/ 글짓기는 따분한 일이 아니라 훌륭한 전달수단이며/ 떠돌아다니는 아이디어를 영원한 형태로 정착시키는 수단으로/ 이런 과정을 통해서/ 아이들은 영어에 대해서 광범위한 지식을 얻게 되고/ 다양한 사고와 표현 방식을 알게 될 것이라고 생각한다.

– 이어령 〈한국의 명문〉 중에서 –　🔊 2-2-6

저명한 법학자의 아들로 태어난 페랄은/ 스물일곱 살에 교수가 되었고/ 스물아홉 살 때는/ 최초의 '프랑스 종합사'라고 할 수 있는 역사 편찬 주임이 되었으며/ 이어 젊은 나이에도 불구하고 대의원이 되었으며/ 뽀앙까레나 바루또우를/ 40세 이전에 장관으로 만든 그런 시대 덕택에/ 나아가 정치계에서는 실각했지만/ 프랑스–아시아 차관단의 총재가 되어/ 상하이에서는 프랑스 총영사와도 친구였었고/ 그 이상의 세력과 권위를 가지고 있었다.

– 앙드레 말로 〈인간의 조건〉 중에서 –　🔊 2-2-7

남에게 천만금을 준다 해도/ 그것이 이해타산에서 나오는 것이라면/ 상대방에게 아무런 감동도 주지 못하지만/ 한 그릇 밥이라도 거기에 진정이 담겨 있다면/ 경우에 따라서는 일생토록 그 감격을 못 잊게 만들 것인데/ 한고조 유방을 도와 폐업을 이루게 한 유명한 장수 한신은/ 곤궁했을 때/ 빨래하는 여인에게서/ 따뜻한 인정이 담긴 한 그릇 밥을 얻어먹은 적이 있었는데/ 그 사건을/ 그는 일생을 두고 잊지 못했다고 한다.

– 홍자성 〈채근담〉 중에서 –　🔊 2-2-8

본인들은/ 선으로부터 멀리 떨어진 만큼/ 갖가지 불안한 마음으로부터 멀리 떨어져 있게 되었다고 주장하겠지만/ 오히려 극도의 광기에 휩싸여/ 입가에 웃음을 머금고 신이 나 있다고 보는 게 옳을 것이며/ 그와 반대로 현인들이 느끼는 쾌락은/ 편하고 절제되어 있으며/ 활기가 느껴지지 않고/ 차분히 가라앉아 있어서 눈에 띄지 않는데/ 쾌락은 일부러 부를 수도 없으며/ 만약 쾌락이 스스로 다가온다고 해도/ 쾌락을 느낀 자들에게/ 큰 환영을 받지도 못할 것이다.

– 세네카의 행복론 중에서 –　🔊 2-2-9

※ 위 예문은 '보이스 스타일링 – 김나연의 보일러(https://voiler.modoo.at)'에서 바로 들으실 수 있습니다.

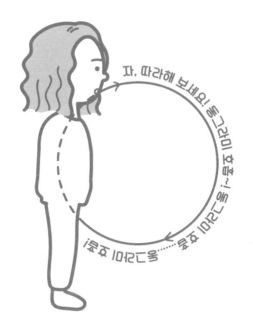

동그라미 호흡_ ✏️

한번 호흡을 하면 그 호흡, 즉 한 호흡으로 마침표나 쉼표가 나올 때까지 쭉 문장을 말하도록 노력해야 한다. 문장이 잠시 끊기는 부분까지는 호흡을 모두 소진하고, 다시 말하기 호흡을 이어가다보면 점점 호흡량이 늘어나고, 한 호흡에 말할 수 있는 음절 수도 늘어난다. 그렇게 되면 말을 할 때 굉장히 자유로워져서 일상의 대화에서도 호흡 때문에 맥이 끊기는 상황은 사라진다. 한 호흡으로 쉽게 문장을 말하기까지 부단히 노력해보자. 단, 위의 문장들을 가능한 한 그대로 읽지 말고, 자신의 말투나 표현법으로 최대한 바꿔서, 말하는 것처럼 훈련해야만 한다. 읽기를 통한 말하기 훈련은 뒷장에서 다시 한 번 설명하겠지만, 우리는 읽는 연습이 아니라 '제대로 말하기' 훈련을 하고 있는 것이다. 시중에 나와 있는 대부분의 스피치 관련 서적이 내레이션이나 방송원고, 책 등을 따라 읽게 하지만, 글을 읽다보면 부자연스러운 리듬이 만들어지기 쉽다. 최대한 자신이 누군가와 말하는 것처럼 상황을 설정하고 훈련한다.

흔히 리포팅을 하는 기자와 아나운서의 멘트는 기사체의 글을 전달력을 높이기 위해 정확한 발음에 주력하며 읽는 경우가 대부분이다. 표현 방식 역시 감정을 최대한 절제하기 때문에, 그렇게 연습했다가는 일상생활에서도 윤기 없는 딱딱한 말투가 될 것이다. 최근에는 뉴스에서도 편안하게 일상에서의 대화처럼 앵커가 자신의 감정을 표현하고, 문어적 표현이 아닌 구어체로 바꾸는 것이 트렌드다. 그런데 굳이 앵커나 아나운서의 말투를 따라 할 필요가 있을까. 위의 예문들은 그저 훈련의 편의를 위해 제공됐을 뿐이므로 자신이 쓴 일기나 드라마 대본 등을 활용해서 읽기가 아니라 말하기라는 생각으로 훈련해도 좋다.

어린 시절의 호흡으로
돌아가라

3 발음과
말할 때의 속도

❶ 칠월칠일은 평창친구 친정 칠순 잔칫날

❷ 한국관광공사 관광과과장 곽걱년

❸ 서울특별시 특별특허허가과 특허허가과 허과각 과장

❹ 상송싱어송라이터 생상송 쇼뚜앙 양의 상송신곡 생뚜앙송팡뮤

❺ 강원도 양양군 양양면 양양리 양양양양 양장점 양란양 양장사

❻ 홍합홍합홍합홍합홍합홍합홍합홍합홍합홍합홍합홍합(빠르게 10번)

❼ 다국적 기업이 다각적 통화 상태 협정의 다각적 결제로 다각 무역을 하며 단독국의 단순 상품 생산은 단순 승인으로 담보 청구권의 담보 책임을 답습하였다.

❽ 앞집 팥죽은 붉은 팥 풋 팥죽이고 뒷집 콩죽은 햇콩 단콩 콩죽이고 우리집 깨죽은 검은 깨 깨죽인데 사람들은 팥죽, 콩죽, 깨죽 죽 먹기를 싫어하더라.

❾ 안 촉촉한 초코칩 나라에 살던 안 촉촉한 초코칩이 촉촉한 초코칩 나라의 촉촉한 초코칩 을 보고 촉촉한 초코칩이 되고 싶어서 촉촉한 초코칩 나라에 가는데, 촉촉한 초코칩 나라 의 문지기가 '넌 촉촉한 초코칩이 아니고 안 촉촉한 초코칩이니까 안 촉촉한 초코칩 나라 에서 살아'라고해서 안 촉촉한 초코칩은 촉촉한 초코칩이 되는 것을 포기하고 안 촉촉한 초코칩 나라로 돌아갔다.

❿ 챠프뽀뜨키스키와 야흐르니뜨치스챠코프는 뽀리띠꺄르로포르브비치 극장에서 셰르게이 라흐마니노프 피아노콘체르토 선율이 흐르는 영화 파워트웨이트를 보면서 켄터키프라이 드치킨 포테이토칩 파파야를 포식했다.

위의 글을 말해보니 어떤가? 나 같은 성우들에게는 또박또박 발음을 하기 위한 훈련법이지만, 아마도 일반인들이 발음하기에는 쉽지 않았을 것이다. 위의 문장들을 발음하다보면 혀가 꼬여서 웃음이 터지는 경우도 허다하다.

하지만 위의 글은 긴장되어 있는 조음기관을 이완시키는 데 중요한 훈련이다. 일부러 연속으로 받침이 붙어있어 발음하기 어려운 단어들을 나열해 연습을 하는 것이지만, 일상에서 이런 표현들을 쓰는 일은 그리 흔하지 않다. 더구나 이런 말들을 빨리 해야 할 이유는 더욱 없다. 발음이 어려운 단어들을 상대에게 말할 때 우리는 단어 한 자 한 자를 또박또박 꼭꼭 씹어 발음한다. 또한 말에서의 속도감이라는 것은 결코 빠르게 말하라는 것이 아니다. 말을 하다 듣는 사람들을 주목시킬 필요가 있다면 잠시 말을 멈췄다 하는 것이 훨씬 효과적이다. 그래서 "뜸 들이지 말고 말해!"라는 상대의 재촉이 나올 때까지 잠시 시간을 두는 것이 아닌가.

중요한 말을 할 때는 오히려 속도가 느려지고, 듣는 사람에게도 제대로 전달된다. 그리고 앞에서 언급했듯이 말하기 호흡만 제대로 해서 확장되면 발성이나 발음 훈련을 따로 하지 않아도 자연스러운 말하기가 된다. 발성 따로 발음 따로 연습해서 조합을 하는 것보다는 호흡을 안정시키는 것이 훨씬 더 수월한 방법일 것이다. 또한 호흡 속도에 맞춰 말의 속도도 결정하면 된다. 호흡이 느린데 굳이 말의 속도를 빨리해 버벅거릴 이유는 없다.

말할 때의 상황에 맞는 흐름이 바로 빠르기다. 상대가 진지한 이야기를 하고 있는데, 말이 빠르고 발음까지 부정확하다면 대화에 무성의하거나 상대를 무시한다는 오해를 받을 수도 있는 법이다. 다음의 글을 자신의 호흡에 맞게 자신만의 속도로 말해보자. 속도에 신경 쓰지 말고 편안한 마음으로 훈련하면 된다.

생각이 다를 때 생각이 서로 부딪칠 때 바로 그때가 틈이 생기기 쉬운 순간입니다. 그때는 얼른 한 발 물러서서 다시 생각하는 것이 좋습니다. 동조도 저항도 아닌 상대의 다른 생각을 있는 그대로 이해하면 됩니다. 다른 생각이 틀린 생각은 아닙니다. 생각의 그물에 걸릴 때마다 한 발 물러서면 부딪힐 일이 없습니다. 가장 하기 힘든 일은 아무것도 안 하는 것입니다.

– 가이 판리, '내려놓고 생각하라' 중에서 – 🔊 2-3-1

한순간 이 이미지는 그에게로 왔다. 일 년여의 고갈상태가 어떻게든 끝나리라는 것을 예감할 수 있었던, 에너지가 조금씩 뱃속에서부터 꿈틀거리며 올라오기 시작하는 것을 느꼈던 지난겨울이었다. 그러나 그것이 이렇게 파격적인 이미지이리라고 그는 짐작하지 못했다. 그 전까지 그가 해왔던 작업은 다분히 현실적인 것이었다. 후기자본주의 사회에서 마모되고 찢긴 인간의 일상을 3D 그래픽과 사실적 다큐 화면으로 구성했던 그에게, 관능적인, 다만 관능적일 뿐인 이 이미지는 흡사 괴물과도 같은 것이었다.

– 한 강 〈채식주의자〉 중에서 – 🔊 2-3-2

수십 년 전, 내가 열일곱 되던 봄. 나는 처음 도쿄에 간 일이 있다. 어떤 분의 소개로 사회 교육가 M선생 댁에 유숙을 하게 되었다. 시바쿠에 있는 그 집에는 주인 내외와 어린 딸, 세 식구가 살고 있었다. 하녀도 서생도 없었다. 눈이 예쁘고 웃는 얼굴을 하는 아사코는 처음부터 나를 오빠같이 따랐다. 아침에 낳았다고 아사코라는 이름을 지어 주었다고 하였다. 그 집 뜰에는 큰 나무들이 있었고, 일년초 꽃도 많았다. 내가 간 이튿날 아침, 아사코는 스위트피를 따다가 화병에 담아, 내가 쓰게 된 책상 위에 놓아 주었다.

– 피천득 〈인연〉 중에서 – 　🔊 2-3-3

우리는 수없이 많은 선택의 갈림길에 섭니다. 뒤돌아보며 가지 않을 길을 생각해보기도 합니다. 그때 이랬더라면, 저 길로 갔더라면, 하고 후회도 하는데 다 부질없는 일입니다. 왜냐하면 가보지 않은 길이기에 비교할 수도 없으니까요. 가보지 않은 길인데 그 길로 가면 더 좋았을지 나빴을지 어떻게 알겠습니까. 결국은 자기 마음이 시키는 대로 가는 게 최선이라고 봅니다. 그리고 그 선택을 후회하지 말아야 하고요. 저는 그게 삶의 지혜라고 생각합니다.

– 문재인 대통령의 인터뷰 중에서 – 　🔊 2-3-4

※ 위 예문은 '보이스 스타일링 – 김나연의 보일러(https://voiler.modoo.at)'에서 바로 들으실 수 있습니다.

4 호흡으로 단점 고치기

　내 목소리에는 윤기가 없다. 콧소리, 비음이 살짝 섞이면 소리가 부드럽고 촉촉하게 느껴지지만, 나는 꽤나 건조한 목소리를 가진 축에 속한다. 나는 이것을 말하기 호흡으로 어느 정도 개선을 했고, 그 이후 꽤 많은 일을 하게 됐다. 타고난 음색은 바꿀 수 없는 것이다, 다만, 앞서 말한 제대로 호흡하고 중저음의 소리를 찾아내 말하는 연습을 하면 음색이 아무리 안 좋다고 하더라도 깔끔한 말하기는 가능해지고, 자신의 단점이라고 생각했던 음색을 매력적으로 개조할 수 있다고 단언한다.

　그렇다면 구강구조가 남들과 다른 사람들은 어떻게 해야 할까? 사람마다 체형이 다르듯 구강구조 역시 사람마다 모두 달라서 한마디로 답을 하기는 어렵다. 그러나 나는 이것마저도 앞에서 말한 호흡으로 어느 정도는 개선이 되는 과정을 지켜봤다. 나와 방송 프로그램을 작업한 PD 중에 유난히 혀가 짧은 사람이 있었다. 많은 스태프들에게 작업을 요구하고 지휘해야 하는 PD가 입만 열면 혀 짧은 말을 해대는 통에 놀림감이 되는 상황이 많았다. 작업이 늦게까지 이어진 어느 날, 식당까지 가는 짧은 시간 동안 그 PD에게 보이스 스타일링을 시도했다. 일단 호흡을 배 쪽으로 낮추고 중저음의 목소리를 내면서 한 마디 한 마디 꼭꼭 씹어 정확하게 발음하고 말하는 속도를 늦추게 했다. 효과는 단숨에 나타났다.

이처럼 발음을 정확하게 하지 못하거나 어린아이처럼 얘기하는 사람을 보고 '혀가 짧다'고 한다. 그렇다면 과연 이들은 진짜로 혀가 짧은 것일까? 실제로 혀를 내밀었을 때 혀의 길이가 눈에 띄게 짧은 사람은 거의 없다. 사람들은 말을 할 때 혀를 입천장에 붙이거나 둥글게 말거나, 혹은 펴거나 수축하면서 다양하게 움직인다. 그런데 혀의 움직임이 둔한 사람은 그 많은 혀의 움직임을 제대로 해낼 수가 없다. 어린애 같은 말투로 말하는 사람은 혀가 짧아서가 아니라 혀의 움직임이 둔한 탓이 더 크다. 그래서 아나운서나 프로그램의 MC, 가수가 프로그램의 시작을 앞두고 혀의 근육을 풀기위해 "라라라라라~ 러러러러~"하며 혀를 부드럽게 푸는 장면을 본 적이 있을 것이다.

물론 태생적으로 혀 짧은 소리를 내는 사람도 있다. 하지만 이 역시 혀가 짧은 것이 아니라 '설소대'가 보통 사람들보다 더 길어서라고 한다. '설소대'는 혀와 살이 맞닿은 부분에 있는 얇은 끈처럼 생긴 근육이다. 혀를 내밀고 위로 올리면 확인할 수 있다. 설소대가 지나치게 길면 혀를 마음대로 움직이기가 힘들어서 발음이 이상할 수 있다. 한때 어린이 영어교육 붐이 일었을 때 우리나라 엄마들이 다섯 살도 안 된 아이한테 설소대를 1~2밀리미터씩 잘라 내는 수술을 받게 한 적이 있다. R과 L을 제대로 못하는 경우가 많아서 수술을 받게 하면 영어 발음이 좋아질 것이라는 믿음 때문이었다. 그러나 외국에 사는 우리나라 사람들이 모두 설소대 수술을 받은 것은 아니다.

언어 능력은 그 말을 익히기 위해 얼마나 노력했느냐의 문제다. 실제로 혀의 길고 짧음은 발음과는 무관하다는 의미다. 이를 위한 훈련법으로 가장 많이 알려진 것이 바로 볼펜 훈련이다. 펜을 입에 물고 책을 읽는 것인데, 혀의 근육을 단련하고 유연성을 높이기 위해서다. 이 훈련을 한다고 발음이 금세 교정되는 것은 아니고, 보통 몇 달에서 길면 1년쯤 꾸준히 해야 효과를 볼 수 있다. 설소대가 지나치게 짧거나 혀의 움직임이 아주 둔탁한 것이 아니라면, 이 역시 볼펜 훈련이 아닌 말하기 호흡과 천천히 꼭꼭 씹어 말하기를 추천한다.

또 내가 보이스 스타일링을 했던 사람들 중 많은 사람들에게서 발견되는 문제가 있다. 바로 발음이 새는 경우다. 발음 문제로 고민하는 사람들 중 대부분이 ㅅ, ㄹ을 발음할 때 가장 많이 발음이 샌다. 발음이 새는 것을 의식하다 보면 말을 점점 더 입속에서 웅얼거리게 되고 그러다 보면 다른 사람과 대화를 할 때 위축되는 경우가 많아진다. 자칭 길거리 출신의 한 방송인 역시 ㅅ발음을 못해서 영어의 th, 일명 번데기 발음으로 대신한 탓에 그의 말밑에는 놀림처럼 늘 번데기들이 붙어 나왔다. 의외로 우리나라 사람 중에는 ㅅ, ㄹ, ㅈ, ㅊ의 발음에 약한 사람이 많이 있다. 발음이 새는 것 역시 혀의 힘이 부족해서라고 한다.

거울 앞에서 '사랑해' 같이 ㅅ이 들어간 단어들을 발음하면서 자신의 혀의 위치를 확인해보자. 혀가 입천장이나 앞니 위아래에 붙지 않고, 윗니와 아랫니 사이에 있는 것을 확인할 수 있을 것이다. ㅅ에 모음 ㅏ, ㅑ, ㅓ, ㅕ, ㅗ, ㅛ 등을 붙여 확인하면 혀의 위치를 더 확실히 알 수 있다.

이처럼 본인의 목소리가 아이처럼 데데거리거나 발음이 새는 대부분의 이유는 혀가 짧은 것보다 실은 혀가 제대로 움직이지 않는 탓이다. 더욱이 자신의 말소리가 이상하다고 의식하기 때문

목

오른쪽으로 두번 돌리기
왼쪽으로 두번 돌리기

어깨

앞으로 2번 돌리기
뒤로 2번 돌리기

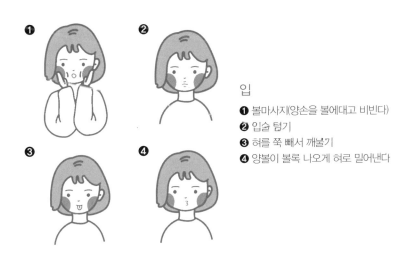

입

❶ 볼마사지(양손을 볼에대고 비빈다)
❷ 입술 털기
❸ 혀를 쭉 빼서 깨물기
❹ 양볼이 볼록 나오게 혀로 밀어낸다

▣ 목과 어깨, 입 등의 긴장 풀기 ✏

에 말을 할 때, 입과 몸이 긴장하고 경직되어 더욱 부자연스러운 소리가 나오게 된다. 다음에 소개할 연습은 입과 혀 등의 긴장을 푸는 데 많은 도움을 줄 것이다.

긴장이 풀렸다면 다음의 글을 말하며 훈련해보자.

이 가련한 한 떨기 어린 꽃봉오리 속에는 독도 있고 약효도 있다. 그 까닭은 맡아보면 알 것이다. 이 꽃을 맡으면 온몸이 상쾌해지지만 입속에 넣으면 감각과 심장이 한꺼번에 멈춘다. 이 일은 초목에만 한 것이 아니다. 인간 속에도 악과 선이라는 두 상극하는 힘이 있어서 악성이 번창하면 곧 죽음이라는 해충이 그 식물을 먹어 치운다.

– 셰익스피어 〈로미오와 줄리엣〉 중에서 – 🔊 2-4-1

우리들이 필요에 의해서 물건을 갖게 되지만 때로는 그 물건 때문에 적잖이 마음이 쓰이게 된다. 그러니까 무엇인가를 갖는다는 것은 다른 한편 무엇인가에 얽매인다는 것이다. 필요에 따라 가졌던 것이 도리어 우리를 부자유하게 얽어맨다고 할 때 주객이 전도되어 우리는 가짐을 당하게 된다는 말이다. 그러므로 많이 갖고 있다는 것은 흔히 자랑거리로 되어 있지만 그만큼 많이 얽히어 있다는 측면도 동시에 지니고 있는 것이다.

– 법정 스님 〈무소유〉 중에서 – 🔊 2-4-2

몽실은 입으로만 말했다. 아직 마음은 어떻게 해야 하는지 알 수 없었다. 그것도 어른들이 시키는 대로 할 수밖에 없었다. 몽실이 하고 싶은 대로는 안 될 것이다. '최 선생님은 누구나 자기의 길은 자기가 잘 알아서 걸어가라 했지 나도 그렇게 할 수 있을까? 내 길을 내가 알아서 걸어간다는 게 무어가 무언지 모르겠구나. 좀 더 크면 알게 될까? 그 때까지 어른들이 시키는 대로 해야겠지.' 북촌댁의 배는 하루하루 달라지는 것 같았다. 배가 불러오는 대신 얼굴빛이 점점 나빠졌다. 손목도 가늘어지고 모가지도 길어졌다.

– 권정생 〈몽실 언니〉 중에서 – 🔊 2-4-3

4년 반 동안의 짧은 인연이었지만 죽은 우리 바둑이에 대한 생각은 어느 한 사람에게 서린 추억 못지않게 내 마음속에 지금도 따스하게 살아있다. 지금 기르고 있는 우리 집 착한 바둑이의 얼굴을 가끔 유심히 들여다보고 앉아 있노라면 죽은 바둑이의 환생인양 싶어질 때도 있고, 그러노라면 개의 눈동자가 무슨 간절한 호소를 하는 듯 느껴질 때도 있다. 사람들의 욕 중에 개 같은 놈이니 개만도 못한 놈이니 하고 개 욕을 도매금으로 해 넘기는 경우가 많지만 개는 그렇게 부도덕한 짐승이 아닌 것만 같다.

－ 최순우 〈바둑이와 나〉 중에서－ 🔊 2-4-4

※ 위 예문은 '보이스 스타일링 – 김나연의 보일러(https://voiler.modoo.at)'에서 바로 들으실 수 있습니다.

| 응용 | 포물선 대화

- 내 목소리의 효과
- 생각하고 말하기 (생각 정리)
- 너와 나, 우리의 호흡 (소통과 공감)
- 더불어 함께하는 과정

chapter 3

생각하고 말하면
소통과 공감이 이루어진다.

말을 많이 하는 것과 말을 잘 하는 것은 분명 다르다. 말은 상대적인 것이다. 아무리 알찬 내용이라도 상대가 집중해서 들을 마음이 사라질 정도로 말이 많다면 그건 제대로 말하지 못하는 것이다. 그러나 대부분의 사람들은 상대가 말할 틈을 주지 않으면서 주저리주저리 자신의 말을 이어가는 것을 '말을 잘한다.'라고 착각한다. 이미 많은 사람들이 '대화의 기술'에 대한 저서를 남겼기에 어떻게 하면 대화를 잘 하는 것인지에 대해 다시 언급할 생각은 없다. 여기서 이야기하고 싶은 것은 보이스 스타일링을 위한 간단한 생각의 전환과 몇 가지 테크닉에 관한 것이다.

이 표시가 있는 예문은 '보이스 스타일링
– 김나연의 보일러(https://voiler.modoo.at)'에서 바로 들으실 수 있습니다.

생각하고 말하면
소통과 공감이 이루어진다.

1 상대의 호흡을 느껴라

정신(spirit)과 호흡(breath)은 그 어원이 같다고 한다. 그러기에 호흡을 조금 과장되게 이야기하면 그것은 바로 말에 혼을 불어넣는 일과 같다고 생각한다.

말하기 호흡과 동그라미 호흡은 같으면서도 다르다. 말하기 호흡이 나를 찾는 과정으로 혼자만의 호흡이라면 동그라미 호흡은 나를 표현하는 과정으로 상대와 함께하는 호흡이기에 동그라미 호흡에서는 어느 정도의 의식적인 호흡이 필요하다. 의식적인 호흡이란 깊게, 의도적으로 숨을 들이마시고 내쉬는 것으로 숨과 함께 말을, 말과 함께 자신의 생각과 마음을 담는 것이다.

말은 특별한 경우의 독백이 아니라면 항상 상대가 있기 마련이다. 이는 곧 나의 호흡과 더불어 상대의 호흡도 같이 존재한다는 것이므로 말을 하기 전에 먼저 상대의 호흡을 느껴야 한다. 그로 인하여 상대의 생각과 마음을 읽을 수 있고 상대를 제대로 바라볼 수 있게 된다.

나의 친목모임 중에 말의 논리성이 뛰어나고 목소리까지 좋은 중소기업 대표 한 분이 있다. 그런데 이 분은 가끔 모임에서 가벼운 배척을 당하기도 한다. 한마디로 분위기 파악을 못해서이다. 모임의 특성상 연령대도 다양하고 하는 일도 모두 다르다보니 각자의 관심 분야가 상이한 편인데 이 분은 평소에는 조용히 있다가도 어느 순간 필(feel)이 꽂히면 정신없이 자신의 의견을 피력하곤 한다. 워낙에 박식하고 논리적이라 누구도 쉽게 대화에 끼어들지 못하는데 이 분은 점점 자기 말에 거침이 없어지고 모임의 분위기는 자연스레 파장으로 치닫게 된다.

또 이런 경우도 있다. 언제나 흥이 넘치고 자신감이 가득한 친구가 있는데 이 친구는 오히려 분위기를 살리는 역할보다도 분위기를 다운시키는, 심지어 분쟁을 일으키는 경우가 종종 있다. 살다보면 누구나 고민이 있기 마련이고 그 고민은 때로는 누군가 조용히 들어주는 것만으로도 위로가 된다. 그러나 흥 넘치는 이 친구는 누군가의 그 고민을 가만두지 못하고 기어이 자신의 페이스로 끌어올리려 유쾌한 수다를 떨기 시작하지만 분위기는 오래 못가 얼어붙는다.

그렇다. 이 두 사례의 문제는 다른 사람의 호흡은 제대로 느끼지 못하고 자신만의 호흡에만 집중한다는 것이다. 아무리 좋은 목소리로 아무리 좋은 생각을 담은 호흡일지라도 상대의 호흡을 느끼지 못하면 그것은 더 이상 말이 아니고 폭력이 될 수도 있다. 또한 넘치는 파워와 유쾌한 의미를 담은 호흡일지라도 상대의 호흡과 함께하지 못하면 나의 선의는 비수가 되어 날아갈 수도 있다는 것을 명심하기 바란다.

다시 한 번 강조하건데 동그라미 호흡은 정성을 다해 제대로 말하기이다. 호흡에 혼을 불어넣는 일까지는 아니어도 최소한 나의 호흡 하나하나에 정성을 다해야 하고 상대를 항상 염두에 두어야 한다. 내 호흡을 의식하고 상대의 호흡을 느끼는 순간, 전체 상황을 정확히 판단할 수 있으며 그 상황에 따라 가장 최적화된 목소리의 톤과 가장 적절한 느낌으로 말하게 됨으로 인하여 언제고 상대를 포용하는 최상의 말을 할 수 있다. 결국 상대의 호흡을 느낀다는 것은 배려의 시작인 셈이다. 그리고 이것이 바로 보이스 스타일링의 잠재된 힘이다.

생각하고 말하면
소통과 공감이 이루어진다.

2   말에도
쉼표와 마침표를 찍어라

　내가 아는 지인 중에 심리상담 전문가가 있다. 워낙 젊은 시절부터 임상 위주의 연구를 해왔던 터라 각계각층 많은 사람들의 심리치료를 20여 년 넘게 해왔다. 심리상담을 받기 위해 온 사람들과 상담을 하다 보니 늘 듣는 입장이어서 그런지는 몰라도, 그녀는 상담실 밖에서 한번 말을 시작하면 좀처럼 다른 사람에게 말할 기회를 주지 않고 자신이 생각한 모든 것을 끊임없이 말한다. 더군다나 한 가지 주제에 대한 얘기가 끝나기도 전에 또 다른 주제로 이어지고를 반복해 짧은 시간에 서너 가지의 이야기를 두서없이 쏟아내기 일쑤다. 가끔은 심리전문가면서 앞에 앉아 지루해하는 상대의 심리는 읽지 못하는 것일까라는 의문이 들기도 했다. 이쯤 되면 이것은 더 이상 대화가 아니고 소통도 아니다. 소통은 경청을 빼놓고는 이루어질 수 없다. 말을 하는 순간이 있다면 듣기도 해야 한다. 나는 거기에 상대가 말하는 것을 들어주는 것뿐만 아니라, 나의 말을 듣고 이해할 시간을 주는 것, 상대의 생각을 읽는 것까지를 '경청'이라고 하고 싶다. 기다려주는 것. 그래서 쉼표와 마침표는 글뿐만 아니라 말에도 반드시 필요하다.

말을 많이 한다고 잘하는 것은 결코 아니다. 어눌해도 말을 잘하는 사람이 있다. '말'에서 중요한 것은 '말'이 아니라 '맘'이기 때문에 그렇다.

내 주변에는 작가와 PD들이 많이 있다. 이들 제작진들은 촬영을 나가기 전에 굉장히 많은 회의를 한다. 흔히 콘티라고 하는 촬영구성안을 만들지만, 거기 적혀 있는 한 문장을 놓고도 각자의 머릿속에는 전혀 다른 이야기들이 들어있기 일쑤다. 예를 들어 다큐멘터리에서 주인공의 집 야경을 찍는다고 하자. 작가는 어두운 주인공의 형편을 상징적으로 표현하기 위해 이 컷을 요구한 반면, PD는 단순히 시간의 경과를 의미하는 컷으로 이해했다면 컷의 분위기는 달라도 너무 달라진다. 작가가 머릿속으로 떠올린 컷은 인적이 없는 어두운 집일 수 있고, PD는 막상 시간에 따라 집을 둘러싼 풍경의 변화를 공들여 찍어올 수도 있다. 이런 각자 다른 생각을 갖고 있는 상태에서 촬영이 끝나고 편집에 들어갔을 때를 떠올리면 참 난감한 일이다. 그래서 그 간극을 없애기 위해 수없이 회의를 하고 각자 머릿속으로 생각한 상황들을 최대한 말로 열심히 설명하기 위해 애를 쓴다. 이처럼 생각을 말로 표현하는 것에는 대단한 노력이 필요하다. 이 어려운 일을 마침표 없이, 숨 돌릴 겨를 없이 쏟아 붓는 것은 그야말로 '언어 폭격'이다.

또한 말에는 책임이 따른다. 상대의 기분을 상하게 할 수도 있고, 상황을 그르치기도 한다. 한 번 쏟아낸 말은 다시 주워 담을 수 없고, 잘못된 말을 만회하기 위해서는 뱉어낸 말보다 몇 배의 말을 더 해야 수습이 될까 말까다. 그래서 말하기 전에는 반드시 자신의 표현을 고르는 시간이 필요하고, 말하는 중간에는 잠시 하던 말을 끊고 상대의 표정을 살펴서 이해하고 있는지, 귀 기울이고 있는지를 확인해야만 한다. 상대를 위해서만이 아니라, 자신을 위해서라도 표현을 가다듬고 자신의 생각을 잘 전달하기 위해 말에도 쉼표와 마침표를 찍는 버릇을 익히는 것이 반드시 필요하다는 것을 잊어서는 안 된다.

말에 마침표를 찍어주세요.

Tip

3 강조의 역효과

　보이스 스타일링에서 말의 악센트*, 즉 강세는 매우 중요한 부분이다. 잘못된 강세는 말의 운율을 망치고 국적 없는 이상한 리듬을 만들어내기 때문이다. 이렇게 이상한 강세가 습관처럼 말에 배이면, 말하는 사람의 품위나 아름다운 말씨는 찾아보기 힘들게 된다. 보이스 스타일링에 있어서 가장 중요한 것은 우리말을 제대로 하는 것, 그래서 전달력을 높여 자신의 뜻을 제대로 전달하는 것이 가장 큰 목적이기 때문이다.

---

* 악센트 [accent] : 말이나 글 가운데 어떤 요소를 음의 고저, 장단 및 강세를 이용하여 강조하는 일

그렇다면 강세에 대해 조금 더 알아보기로 하자.

단어의 뜻을 갈라내는 고저(高低)와 강약(强弱)을 악센트라고 한다. 말을 할 때에 똑같은 높이로, 또는 똑같은 세기로 말하기는 오히려 어려운 일이다. 조금 높게, 조금 세게 발음하는 부분이 있는가 하면, 그 반대로 조금 낮게, 조금 약하게 발음하는 부분이 있기 마련이다. 과거, 우리말에도 성조라는 것이 있어서 강세를 표시했었다지만, 지역의 사투리에만 그 흔적이 남아 있을 뿐, 현재 우리말 표준어에는 강세에 대한 표기가 전무하고, 실제 발음에서도 그것으로 의미를 달리하는 경우는 드물다. 고어(중세국어)에서 소리의 높낮이를 표시하던 사성법이 오늘날 소리의 장단음으로 변하여 그대로 적용되고 있기는 하다. 우리말의 장단음을 지킬 때 그 뜻이 명확해지고 운율이 살아나 품위 있고 아름다워진다. 예를 들어 아래와 같은 단어들이다.

〈단음〉 〈장음〉
눈(目) – 눈: (雪)
말(馬) – 말: (言)
밤(夜) – 밤: (栗)
배(腹) – 배: (倍)
발(足) – 발: (簾)

앞의 눈은 신체에 있는 눈을 의미하고 뒤의 장음의 눈은 하늘에서 내리는 눈을 의미한다. 앞의 말은 타는 말, 뒤쪽 장음의 말은 사람이 하는 말을 가리키고, 앞의 밤은 시간을, 뒤의 밤은 먹는 밤을 의미한다. 또, 앞의 배는 신체의 복부를, 뒤 장음의 배는 두 배, 세 배할 때 곱절을 나타내는 배이다. 앞쪽의 발은 사람의 발을, 뒤의 발은 여름에 햇빛을 가리기 위해 치는 발이다. 하지만 거짓말 같은 합성어에서는 말의 장음이 사라진다. 우리말에서 장음은 '어휘의 첫소리'에만 살아있기 때문이다. 하늘에서 내리는 눈은 장음이지만, 첫눈에서의 눈은 길게 발음하지 않는 것과 같다.

또한 두 음절 이상의 단어에서도 장단음에 따라 뜻이 달라지는 경우도 있다. 고의로 낸 불을 뜻하는 방화(放火)는 [방ː화]로 길게 발음하는 장음이다. 반면 불을 막는다는 뜻의 방화(防火)는 [방화]로 짧게 발음한다. 어른을 뜻하는 성인(成人)은 [성인]으로, 본받을 만한 인물을 뜻하는 성인(聖人)은 [성ː인]으로 길게 발음해야 그 뜻이 정확해진다. '눈ː 이 눈에 들어가 눈물이 났다.', '밤ː 은 밤에 먹어야 제 맛이다.'처럼 장단음을 외우기 위해 이런 문장까지 동원하지만, 이 모든 장단음을 외우는 것은 불가능해서 이 분야의 전문가라 할지라도 모두 알 수는 없을 것이다. 따라서 요즘은 장단음의 구분을 거의 하지 않는다고 할지라도 지나친 말이 아닐 것이다.

　그런데 더 심각한 것은 이렇게 우리말의 장단음도 제대로 지키지 않는 상황에서 이상한 악센트와 발음이 유행처럼 되어버렸다는 것이다. 그 대표적인 경우가 바로 전화상담이다. 업계에서 고객에 대한 서비스를 중시하면서부터 고객을 응대하는 전화기 안의 목소리는 "안~녕하십니까아~? 고~객니임~"이 되었다. 첫 음을 솔음으로 내며 강조하라는 서비스 소양 교육 탓이다. 앞서 이야기한대로 솔 톤은 밝은 느낌이 들어 친절한 응대가 될 것이라고 생각하는 사람들이 많지만 실상은 그렇지 않다는 것은 더 설명하지 않겠다. 한 번은 대형마켓에서 주문한 물건이 파손되어 배달된 적이 있었다. 다시 주문을 했지만, 이번에는 주문한 물건이 아니었다. 그러다 보니 열흘 넘게 시간이 흘렀고, 이 문제를 항의하기 위해 그 마트에 전화를 걸었는데, 전화 상담사의 말투가 계속 이런 인위적인 솔 톤의 모양새였다. 참고 이야기를 하다 끝내는 "좀 편안한 말투로 말씀해주시면 안될까요?"라고 물었다. 상담사는 당황한 기색을 애써 숨기며 친절하게 응대하려 노력했지만, 나는 통화 내내 그 말투가 거슬려 제대로 항의를 할 수 없었다. 상담사에게는 미안하지만 나의 사정과 무관하게 매번 말의 첫 음절을 솔 톤으로 시작하면서, 상담사 혼자만 즐겁게 느껴지는 그녀와의 통화에서 나는 진심을 느낄 수 없었다. 다행히도 그 상담사 분은 나의 생각에 동의해주었고, 어떤 문제가 있는지를 다시 확인한 후 해결해주었다.

　이뿐만이 아니다. 얼마 전 TV드라마를 시청하던 때의 일이다. 아역에서 이제는 성인이 되어 꽤 많은 인기를 끌고 있는 여자 탤런트가 주인공인 멜로물이었다. 달달한 대사와 설레는 스토리로 시선을 떼지 못하다가 나는 아연실색하게 되었다. 그녀의 예쁜 입에서 "따른 생각하는 거 아니에요?" "쩌기로 갈까요?" 등등 된 소리가 끝없이 나오는 것이었다. 그 이후론 그 드라마에 몰입하지 못하고 계속해서 빨간 펜을 든 선생님처럼 그녀의 대사를 체크하게 됐다. 다른 프로그램에 출연한 그녀를 보면서도 "쩌기~" "따른 거"라는 그녀 주변에 말풍선이 둥둥 떠다니는 느낌이 들었고, 아름답게만 보이던 그녀의 모습은 완전히 무너져 내렸다. 직업병적인 결벽 때문이라고 하겠지만, 말이란 이런 것이다. 보이지 않는 이미지, 하지만 꽤 선명하게 각인되는 특징을 갖고 있다, '나'라는 실체를 적나라하게 드러내는 것이 말이다. 말을 어떻게 하느냐에 따라서 그 사람의 이미지는 달라진다. 말을 교양 있고 세련되게 하는 것이 중요하다는 걸, 새삼 느끼는 날이었다.

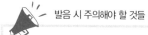 발음 시 주의해야 할 것들

1. '의' 발음 : 민주주의의 의의

'의'가 첫 번째 음절에 올 때 – 의의 – 음가 그대로 '의'로 발음한다.

'의'가 두 번째 음절일 때 – '의이'로 발음한다.

'의'가 소유격일 때 – '사랑의 미로' 를 '사랑에 미로'로 발음한다.

→ 민주주의의 의의일 경우 발음은 [민주주이에 의이]

2. 로서 & 로써

로서 : 받침이 없거나 'ㄹ' 받침으로 끝나는 체언에 붙어 어떠한 신분이나 자격, 지위를 나타
낼 때 사용하는 부사격 조사다.

로써 : 받침이 없거나 'ㄹ' 받침이 붙는 체언에 붙어, 수단과 방법, 재료 등을 나타낼 때 사용
하는 부사격 조사다.

→ 나는 성우로서 보이스 스타일링을 통하여 목소리로써 발음교정, 발성훈련 등을 교육하고
있다. 교육생들이 사회인으로서 더 당당히 살아감으로써 보람을 느낀다.

인간으로서 누구나 가슴에 꿈 하나를 간직하고, 그 꿈으로써 미래를 꿈꾼다. 꿈은 그 자체
로써 비전이고 미래이며 그것 만으로써도 또 다른 꿈을 꾸게 만든다.

인터넷으로써 보이스 스타일링을 배운다는 것에는 한계가 있다는 것이 성우로서의 견해
이다. 교육생으로서도 그것을 실감한다는 증언으로써 여실히 드러나고 있다

요즘은 사람들이 모든 단어들을 강조해서 말하는 것을 자주 듣게 된다. 형용사, 의성어, 의태어를 엄청 강하게 표현하려 하는 것이다. 예를 들면 "단풍이 울긋불긋 물들었어!"라 말을 "단풍이 울~긋 불~긋 물들었어!"라며 호들갑을 떤다. 말 속에 이미 단풍에 대한 찬사와 즐거움이 담겨 있다. 하지만 형용사를 강하게 발음하거나 너무 센 느낌을 주면 정확하게 전달해야 하는 부분에 힘이 실리지 않고 희석될 우려가 있다. 오히려 강조해야 할 말은 주

어, 목적어의 명사, 대명사, 수사 이런 체언 위주의 말인데, 나는 이것을 문장의 '키워드'라고 통칭한다. 그러나 보조적인 형용사 의성어, 의태어, 조사까지 세게 하다 보니 말의 시작부터 끝까지 이상한 억양과 리듬이 생겨버린다. 그러면서 정확한 내용은 잘 전달되지 않고 오류가 생기는 경우도 허다하다. 이런 말을 듣고 있으면 우리말의 품위나 아름다움은 사라지고 유치하고 장난스러운 말투로 느껴진다. 또한 이런 식의 대화가 이어지다 보면, 듣는 사람은 "뭐가 그렇다고?" "누가 그랬다고?" "몇 개라고?" 등 끝없이 질문을 던져야 겨우 말의 진위를 알아들을 수 있다. 이런 상황이 반복 되다 보면 결국 대화의 흐름은 깨지고 깔끔한 말하기와는 점점 멀어져간다.

세계에서 우리말처럼 표현력이 좋은 언어가 또 있을까? 의태어, 의성어를 사용할 때도 음가만 제대로 발음하면 된다. 이미 그 말 속에는 그런 어감을 충분히 내포하고 있기 때문이다. 이상한 강세를 배제한 깔끔한 말하기를 위해서는 우선 내가 하는 말을 머릿속에 명확히 정리해서 말하는 습관을 들여야 한다. 명사, 수사, 대명사, 거기에 장단음까지 잘 챙겨서 말하는 연습을 시작하자. 다음의 예문들을 주어진 그대로 읽지 말고 명사, 수사, 대명사, 장단음을 살려서 자신의 말투로 바꾸어 대화하듯 연습하는 것이 도움이 될 것이다.

다음 문장 중 말할 때 장단음과 키워드 등 강조해야 할 부분을 찾
아보자.

❶ 그는 주머니에 손을 넣어 그 속에 밤 세 톨을 만지작거렸다. 저 너머 던지기에도 가볍
고 당장 먹기에도 귀찮은 하나 둘 셋, 밤 세 톨… 그는 잠시 생각에 잠겼다. '이걸 왜 내
게 주었을까? 하긴 뭐라도 주고 싶었겠지.' 그는 밤 세 톨의 의미를 생각하고 있었다. 그
때 저만치에서 이름 모를 새가 울기 시작했고, 멀리서 배고픈 송아지가 울어댔다. 그렇
게 슬며시 밤이 찾아오고 있었다.   🔊 3-3-1

❷ 제주도 한림읍에 위치한 말 목장. 말 두 마리가 이리저리 그야말로 고삐 풀린 말처럼 뛰
어다닌다. 백마가 암놈이고 배 아래쪽이 검은 녀석이 수놈이다. 저 멀리, 그들의 고향인
몽골 초원을 떠올린 것일까? 녀석들의 질주는 거칠 것 없이 자유롭고 역동적이다. 목장
의 말들이 하나 둘 마구간으로 돌아가고 나서도 그들의 은밀한 데이트는 여전하다. 유채
꽃 필 무렵, 그들의 2세를 보게 될지도 모르겠다.   🔊 3-3-2

❸ 멀리 언덕을 넘어 서현이가 이쪽으로 달려오고 있었다. 서현이는 가쁜 숨을 토하고 나서
별빛 같은 눈을 반짝이며 말했다. "저기 강가에서 돌을 주웠어요." 서현이 손에는 제 주
먹만한 돌이 쥐어져 있었다. 몇 개나 될까? 서현이는 숫자를 헤아리며 말했다. "하나 두
울 세엣… 다섯 개에요." 서현이는 요 올망졸망 돌들을 어디에 쓰려고 주운 걸까? 서현이
대답은 의외였다. "이걸로 떡 만들 거예요."   🔊 3-3-3

❹ 파도의 기세는 세상 모든 것을 집어 삼킬 듯 거칠고 집요했다. 그 앞에 작고 낡은 배는 마치
물결 따라 흐르는 낙엽처럼 위태롭고 초라해 보였다. 하지만 동식은 배를 포기할 수 없었
다. 배는 동식의 피난처이자 동아줄이었고 그 안에 널브러진 서너 마리의 이름 모를 물고
기가 식량의 전부였다. 파도에 휩쓸린 배는 흐르고 흘러 어느 바닷가 바위굴 앞에 멈춰
섰다. 굴 속은 좁고 어두웠지만 아늑했다.   🔊 3-3-4

※ 위 예문은 '보이스 스타일링 – 김나연의 보일러(https://voiler.modoo.at)'에서 바로 들으실 수 있습니다.

위 문장 중 장단음과 키워드 등 강조해야 할 부분은 다음과 같다.

❶ 그는 주머니에 손을 넣어 그 속에 밤: 세: 톨을 만지작거렸다. 저 너머로 던지기에도 가볍고 당장 먹기에도 귀찮은 하나 둘: 셋, 밤: 세: 톨… 그는 잠:시 생각에 잠겼다. '이걸 왜: 내게 주었을까? 하긴 뭐라도 주고 싶었겠지.' 그는 밤: 세: 톨의 의미를 생각하고 있었다. 그때 저만치에서 이름 모를 새:가 울:기 시:작했고, 멀:리서 배고픈 송아지가 울어댔다. 그렇게 슬며시 밤이 찾아오고 있었다.

❷ 제주도 한림읍에 위치한 말 목장, 말 두: 마리가 이리저리 그야말로 고삐 풀린 말처럼 뛰어다닌다. 백마가 암놈이고 배 아래쪽이 검은 녀석이 수놈 이다. 저 멀:리, 그들의 고향인 몽골 초원을 떠올린 것일까? 녀석들의 질주는 거칠 것 없:이 자유롭고 역동적이다. 목장의 말들이 하나 둘: 마:구간으로 돌아가고 나서도 그들의 은밀한 데이트는 여전하다. 유채꽃 필 무렵, 그들의 2세를 보게 될지도 모르겠다.

❸ 멀:리 언덕을 넘어 서현이가 이쪽으로 달려오고 있었다. 서현이는 가쁜 숨을 토하고 나서 별:빛 같은 눈을 반짝이며 말했다. "저기 강가에서 돌:을 주웠어요." 서현이 손에는 제 주먹만한 돌:이 쥐어져 있었다. 몇 개나 될까? 서현이는 숫자를 헤아리며 말했다. "하나 두울 세엣… 다섯 개에요." 서현이는 요 올망졸망 돌:들을 어디에 쓰려고 주운 걸까? 서현이 대:답은 의:외였다. "이걸로 떡 만들 거예요."

❹ 파도의 기세는 세:상 모:든 것을 집어 삼킬 듯 거칠고 집요했다. 그 앞에 작고 낡은 배는 마치 물결 따라 흐르는 낙엽처럼 위태롭고 초라해 보였다. 하지만 동식은 배를 포기할 수 없:었다. 배는 동식의 피난처이자 동아줄이었고 그 안에 널브러진 서너 마리의 이름 모를 물고기가 식량의 전부였다. 파도에 휩쓸린 배는 흐르고 흘러 어느 바닷가 바위굴 앞에 멈춰 섰다. 굴: 속은 좁고 어두웠지만 아늑했다.

문장 중 강조해야 할 부분을 찾는 방법

1. 문장에서 중요한 키워드(체언_명사, 대명사, 수사)를 찾자.
2. 명사를 빨간색으로 표시한다.
3. 대명사(인칭 대명사, 지시 대명사)를 **진하게** 표시한다.
4. 수사를 <u>아래 밑줄</u>로 표시한다.
5. 단어의 장단음을 체크해보자. 정확한 음가를 알 수 있다.

◀ 체언[體言]
　: 문장에서 주체의 구실을 하는 단어

◀ 명사[名詞]
　: 사물의 이름, 고유명사와 보통명사로 구분

◀ 대명사[代名詞]
　: 사람이나 사물의 이름을 대신 나타내는 말

◀ 수사[數詞]
　: 사물의 수량이나 순서를 나타내는 단어

　만일 당신이 체크한 강조 부분이 정답보다 많다면, 모든 문장을 강조해서 말하는 습관이 붙어 있는 것이다. 따라서 당신의 말에는 이상한 리듬이 붙어있을 가능성이 높다. 반대로 정답과는 달리 강조하지 않은 부분이 많다면, 그동안 당신이 해온 말은 전달력에 있어서 문제를 안고 있다는 의미다. 위의 문장들을 장단음, 명사, 수사, 대명사 등 강조해야 할 부분에 유의하면서 말로 소리 내어 입에 익히는 훈련을 계속하기 바란다.

4 마음을 더하는
포물선 대화법

　내가 보이스 스타일링을 하는 여성 중에 한 회사의 대표가 있다. 내 수업을 들은 뒤로 가족들에게 부드럽고 다정하게 말하는 노력을 하면서부터 집안의 분위기가 한층 좋아졌다고 했다. 그러던 어느 날, 회사에서 일을 하는 중에 남편의 전화가 걸려왔다고 한다. 여자들이 '솔' 톤으로 얘기하면 남자들은 한 톤 더 높게 듣는다는 생각에, 낮고 따뜻한 목소리로 통화를 시작했고, 아내의 다정한 목소리가 좋았는지 남편은 느긋하게 농담까지 하더란다. 수업의 효과를 톡톡히 본 것이다. 그러나 마침 그 때는 회사일이 한창 바쁠 때라 너무 통화가 길어지는 게 방해가 되어 "나 지금 바쁘니 나중에 통화해"라며 짜증을 내고 전화를 끊었다고 한다. 그런데 퇴근 후 집에 가보니 웬일인지 남편은 체해서 저녁식사도 거른 채 끙끙 앓고 있었다. 평소 잔병치레가 없는 건강한 남편은 사흘 동안 앓아누웠고, 대표는 힘들어 하는 남편을 보며 자신의 행동을 뒤돌아봤다. 아픈 남편을 보며 곰곰 생각해보니, 남편이 병이 나서 앓아누울 때는 대부분 자신이 남편에게 심한 말을 쏘아 붙이며 했을 때라는 생각이 들었다. 남편에게 확인을 하니 "맞아. 당신이 짜증을 내면 며칠 동안 힘들어. 남편들 대부분이 다 그래. 단지 말을 안 할 뿐이지." 하더란다. 별 생각 없이 툭 튀어나온 짜증 섞인 말 한마디가 사람의 몸과 마음을 이토록 힘들게 할 수 있다는 생각에, 자신이 '말로 남편을 죽이고 있었구나.'라는 생각까지 하게 됐다고 한다.

사람의 마음을 여는 것도, 닫게 하는 것도, 무너뜨리는 것도 말이다. 이처럼 다른 사람을 상심하게 하는 말은 흉기다. 물론 거친 말과 욕설도 문제지만, 나는 말을 하는 당사자의 기분 역시 간과해서는 안 된다고 생각한다. 사실 짜증을 낼 때 사용하는 단어들을 생각해보면 일상적으로 사용하는 단어인 경우가 많다. 다만 짜증이 섞이면 톤이 올라가거나 말투가 퉁명스러워지거나 거칠게 변하는 것이다. 나는 이것을 사람의 기(氣)라고 생각한다.

기(氣)*는 어떤 사물이나 상황의 형세·기운·조짐, 그리고 신체상의 생명력·힘·정기·생체에너지 등의 뜻으로도 쓰인다. 우리가 흔히 명산에 올라 "이 산세(山勢)는 기가 세다."라고 하거나 "저 사람은 기가 너무 세다."라고 하는 경우다. 내가 보이스 스타일링을 하면서 많은 사람들에게 가르치고 싶은 것은 바로 이것이다. 번지레하게 말을 잘하는 것보다는 어눌한 말이더라도 자신의 진심을 전하는 것, 그것이 내가 생각하는 진정한 보이스 스타일링인 것이다.

나는 이런 생각을 담아 진정한 보이스 스타일링의 대화방식인 동그라미 호흡으로 만드는 필살의 '포물선 대화법'을 생각해냈다. 말을 할 때 나와 상대와의 사이에 부드러운 원형의 기(氣)를 만들어가는 말하기 방식이다. 좀 더 쉽게 말해 포물선 대화법의 시작은 동그라미 호흡법이다. 나로부터 출발한 동그라미 호흡과 상대방으로부터 나오는 동그라미 호흡이 만나면서 서로의 호흡이 겹쳐지는 두 개의 부드러운 포물선 모양의 '기'가 생기는데, 이렇게 서로의 마음과 마음이 더해져서 예쁜 포물선 모양을 만드는 말하기와 듣기가 바로 포물선 대화법인 것이다.

우리네 속담에 가는 말이 고와야 오는 말이 곱다는 말이 있다.

---

* 기[氣] : 1. 활동하는 힘. 2. 숨 쉴 때 나오는 기운.

지극히 당연한 이야기지만, 생활에서의 실천이 그 만큼 어렵기에 속담으로 내려오는 것은 아닐까? 자칫 거슬리는 말 한마디에 나와 상대 사이에 흐르는 기류는 냉랭해지고, 공기는 얼어붙는다. 바로 이런 상황을 막기 위해 일을 말을 할 때도 들을 때도 두 사람 사이에 포물선을 그리는 기분으로 말을 주고받는 것이다.

이해를 돕기 위해 이런 상황을 떠올려 보자. 우리가 상대에게 화를 낼 때는 결코 두 사람 사이의 공기가 차분하거나 따뜻할 수 없다. 오히려 살벌한 기운이 감돈다. 그리고 말을 할 때도 창과 검을 쓰듯이 상대를 찌르고 던지고 베는 것처럼 쏟아낸다. 화가 났을 때를 떠올리면서 다음의 말들을 해보자. "왜 그랬어?" "하지 마!" "네가 싫어!" "가버려!" 어떤가? 부정적인 단어를 사용하는 것뿐만이 아니라, 억양이나 말투에까지 화와 짜증, 미움의 감정들을 속속 담아 상대에게 그야말로 내리꽂는다. 그야말로 '지르는' 말하기인 것이다. 아무리 상대가 잘못을 했다고 해도 이런 미움과 짜증의 공격적인 대화가 계속 된다면 이를 참아낼 사람이 과연 몇 명이나 될까? 이런 대화는 당연히 몇 마디 나누지 않아 큰 싸움으로 번질 것은 자명하다.

그에 비해 나와 상대 사이에 원형의 기운이 계속해서 순환한다는 기분으로 말을 하는 '포물선 대화법'은 부드럽고 온화한 기운으로 채워진다. 모가 나지 않은 부드러운 선으로 상대를 품듯이

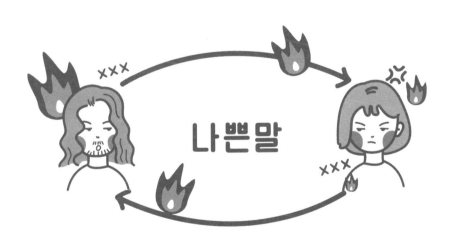

동그라미를 그리며 말하고 상대는 그 말을 받아 나에게 다시 동그라미를 그리듯 대답한다. 즉, 직선이나 사선으로 상대에게 말을 던지는 것이 아니다. 그러면 두 동그라미가 만나면서 자연스럽게 포물선 대화가 나눠지는 것이다. 이러한 포물선 대화에는 결코 거친 말이나 퉁명스러운 말투, 짜증이나 삐죽삐죽 날이 선 말들은 섞이지 않는다. 왜냐하면 그 뾰족함과 거친 기운이 자신에게 되돌아와 아프게 꽂히는 느낌이 들 테니까. 이 대화법을 동료에게 들려주니 마치 기(氣)운동에서 말하는 기의 순환과 비슷하다고 했다. 나는 기(氣)운동을 배운 적은 없지만, 오랜 시간 많은 사람과의 대화를 통해 터득한 나만의 방식이다.

다만, 나는 이것을 기(氣)라기보다는 마음을 더하는 대화법, 포물선 대화법이라고 표현하고 싶다.

보이스 스타일링을 하다 보면 여러 사람으로부터 딱히 어떤 의도가 있었던 것도 아닌데, 평소의 말투 때문에 오해를 사는 경우가 종종 있다는 하소연을 자주 듣는다. 자신도 모르게 툭 튀어나온 말 한마디가 사람들의 귀를 거슬리게 한 경우가 있었다면, 그것이 시비를 걸거나 싸우려는 의도는 아니었다고 하더라도 분명 자신의 표현에 문제가 있었던 것은 아닐까? 필자의 생각으로 아마 그것은 말에 성의가 담기지 않았기 때문일 것이다. 그 말을 들은 상대는 기분이 상해서 되받아치게 되고, 두 세 마디가 더 오가

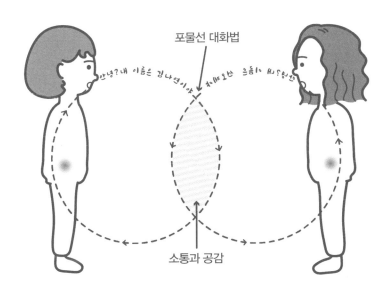

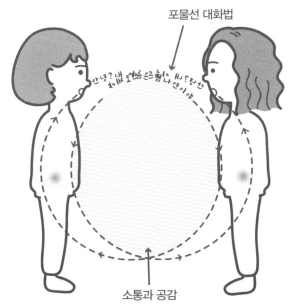

면서 대화는 점점 냉랭해져 살얼음이 얼기 시작한다.

더 쉬운 예를 들면 이렇다.

"○○얏, 밥 먹엇!"이라는 어머니의 목소리가 들렸다고 하자. 어머니의 속뜻은 배가 고플 테니 어서 와서 밥을 먹으라는 의도였을 것이다. 하지만 왠지 퉁명스럽게 느껴진 어머니의 말투 때문에 자신의 귀에는 "밥 안 먹고 뭐 해! 누굴 닮아 만날 저렇게 꾸물거릴까. 쯔쯔."로 들린다. 그러다 보면 "알았어. 먹으면 되잖앗!" 하고 짜증으로 맞받아치게 된다.

반대로, "○○야~, 어서 와서 밥 먹어~"라고 끝을 굴리는 포물선 대화방식의 어머니 목소리가 들리면 "응, 알았어. 엄마. 오늘 반찬은 뭐야?"라는 대답이 뒤따르게 된다.

이처럼 포물선을 그리는 대화법은 상대의 말투까지 변화시켜 부드러운 상황을 만드는 선순환(善循環)의 대화법이다.

이 포물선 대화법은 말과 함께 자신의 마음을 담아 상대에게 전하는 것이다. 사람들은 말하는데 있어서 정성을 들이지 않는다. 멋진 말투를 흉내 내고 화려한 미사여구를 동원하지만 단어 하나하나 말 한 마디 한 마디 끝까지 마음을 담지 않는 것이다. 그야 말로 영혼이 없는 경우가 많다. 습관처럼 '프로 대답러'가 되는 것이다. 말에 정성이 빠지면 진정성도 사라진다. 포물선 대화법에서 강조하고 싶은 것은 바로 이런 정성이다. 자신과 이야기를 나누는 모두에게 정성을 다해 말을 한다면 주변 사람들은 당신의 말에 귀 기울일 것이고 주변 사람들은 당신을 지지하고 응원하는 아군이 될 것이다. 다른 사람과의 관계가 좋아지면 인간관계의 어려움이 사라지고 결국 그것은 자신의 인생을 변화시킨다. 이 뿐만이 아니다. 이런 경험을 한 상대는 다른 사람과 말할 때도 같은 방법을 사용할 것이고, 그 주변의 사람들에게 확산된다. 내가 정성들여 전달한 말 한마디가 사회를 밝고 따뜻하게 만드는 일, 이 얼마나 멋진 일인가.

포물선을 그리는 대화는 1 : 1 대화에서만 통용되는 것이 아니다. 1 : 다수, 그리고 청중을 앞에 놓고도 가능하다. 다만, 다수라면 좀 더 큰 포물선을 그린다는 느낌으로, 그만큼 더 에너지를 쏟아 붓는다는 기분으로 정성껏 말을 하면 된다. 강의를 하는 내 경험으로 봐서 청중이 많다고 멀리 있는 사람에게 던지듯 말을 하면 그 효과는 반감한다. 평소보다 소통이 되는 느낌은 줄어들고 일방적으로 내 이야기만 쏟아내는 느낌이 들어서 영 개운치 않은 기분으로 강의를 마치는 경우가 많다. 이것이 바로 청중 앞에서도 포물선 대화를 해야 하는 이유이다.

또 하나, 요즘은 핸드폰을 이용하는 경우가 굉장히 많다. 상대의 표정을 읽을 수 없어서 얼굴을 맞대고 하는 대화보다 힘이 들 때가 있다. 이럴 때는 상대가 핸드폰 너머에 있는 것이 아니라 바로 내 앞에 있다고 상상하며 포물선을 그리며 말을 해보자. 전화 통화에도 한결 따뜻하고 포근한 윤기가 흐를 것이다.

그리고 무엇인가를 물어볼 때도 반드시 물음표를 그리며 말끝을 올릴 필요는 없다. 말투가 거친 사람은 이것 역시 매우 신경이 쓰이는 일이다. 그렇다면 다른 사람에게 무엇을 물어볼 때도 포물선을 그리듯 말끝을 처리하면 훨씬 더 부드럽다. 그저 느낌만 무엇인가를 물어보고 있다는 생각으로 말을 하면 된다. 다음의 말들을 평소의 말처럼 올려서 말하는 것과 포물선을 그리는 것처럼 말해보자. 무엇인가를 물어보는 말뜻은 크게 달라지지 않는 대신, 훨씬 부드럽게 들릴 것이다.

1. 상대를 부를 때
늦은 오후, 엄마의 다정한 목소리가 들려왔다.
"나연아. 나연이 어디 있니?"
나연이는 한참 동안 대답이 없었다. 또 다시 엄마의 목소리가 들려왔다.
"나연아. 방에 있니?"
여전히 대답이 없었다. 엄마는 조금 더 다정한 목소리로 외쳤다.
"나연아. 엄마랑 과일 먹재!" 묵묵부답. 엄마의 목소리가 날카로워졌다.
"김나연. 뭐해? 엄마가 부르면 대답을 해야지?"

🔊 3-4-1

2. 질문을 할 때

김 부장은 사무실로 들어서기 무섭게 서현을 불렀다. 목소리에 짜증이 섞여 있었다.

"송서현 씨, 서현 씨, 나 좀 봅시다."

그녀가 주뼛주뼛 김 부장의 책상 앞으로 다가왔다. 그녀는 한껏 주눅 든 목소리로 말했다.

"저… 부장님, 부르셨어요?" 이내 김 부장의 질책이 시작되었다.

"서현 씨, PT가 코앞인데 정말 이럴 겁니까?"

"부장님, 그게 아니고…"

"송서현 씨, 지금 변명하는 겁니까?"

◀ 3-4-2

3. 설득할 때

"선호제 선생님!"

교장의 한껏 다정하고 나긋한 목소리로가 들려왔다. 그는 일부러 잠시 멈칫했다. 그러자 눈치라도 챈 듯 교장이 다가와 말했다.

"선생, 화 난 건 아니죠?"

그는 대답하지 않았다. 교장은 허리를 숙여 그의 귓가에 대고 속삭였다.

"저기… 선 선생, 내 뜻은 그게 아니고…"

그때였다. 그는 자리에서 벌떡 일어나 이렇게 외쳤다.

"교장 선생님! 저한테 원하는 게 뭡니까?"

◀ 3-4-3

※ 위 예문은 '보이스 스타일링 – 김나연의 보일러(https://voiler.modoo.at)'에서 바로 들으실 수 있습니다.

위의 대화를 보면 자칫 두 사람 사이에 갈등이 생기기 쉬운 상황이다. 하지만, 이 말들을 앞에서 배운 포물선 대화방식으로 말해보자. 어미를 부드럽게 굴려서 마무리를 하고 상대를 감싸 안는 기분으로 큰 원을 그리며 말한다면 대화가 한결 부드러워지는 것을 느낄 것이다. 평소 거친 말투가 나오기 쉬운 갈등의 상황에서도 포물선 대화방식이 가능하다는 것을 반드시 기억해두자.

생각하고 말하면
소통과 공감이 이루어진다.

5 생각 훈련과 낭독 훈련

　말하기를 배우려면 당연히 입을 열고 말을 하며 연습해야 한다. 말공부를 소리 없이 할 수는 없다. 외국어를 배울 때 말하기 연습을 하는 것과 마찬가지다. 그러나 상대가 없는 상태로 말하기 연습을 한다는 게 쉽지 않다. 그래서 나는 보이스 스타일링을 연습하는 데 있어서 '낭독'을 훈련방식으로 선택했다. 유대인들은 어릴 때부터 탈무드를 항상 소리 내서 낭독했다고 한다. 낭독을 꾸준히 하면 잠자던 소뇌를 활성화시켜서 집중력과 표현력, 어휘력이 향상 된다고 한다. 과학적으로 입증된 낭독의 힘을 통해 유대인들이 세계를 리드하는 것은 아닐까. 굳이 먼 나라의 일이 아니어도 우리도 마찬가지였던 것 같다.

사극을 보면 서당에 모여 앉은 어린 도령들이 천자문이나 사서삼경을 낭독하는 장면이 눈에 띈다. 나도 초등학교에 입학하고 나서는 책읽기를 통해 우리글을 배웠다. 지금은 국어 교과서에서 사라진 "영희야, 안녕" "철수야, 안녕"으로 시작된 교과서를 반 친구들과 읽고 또 읽었던 기억이 아직도 남아 있다. 그러나 나처럼 어린 시절 낭독으로 시간을 보냈던 사람이 아닌 이상, 나이가 들면서 소리 내어 책을 읽을 기회는 점점 드물어진다.

이제 다시 어린 시절로 되돌아가 처음 말을 배우는 것처럼 낭독을 통해 우리말을 배워보자. 단, 이번에는 글이 아니라 말을 배우는 것이다. 입과 귀, 뇌를 사용하는 좋은 훈련법이니 만큼 그 성과는 남다를 것이라 자부한다.

단, 이 낭독훈련은 무조건 주어진 텍스트를 읽어 내려가는 연습법이 아니다. 그렇게 되면 말하기가 아니라, 단순하게 읽기나 낭독을 익히는 것이 된다. 낭독을 하기 전 먼저 해야 할 것이 바로 '생각 훈련'이다. 생각훈련이란 일단 내 머릿속을 하얀 도화지처럼 비운 뒤 주어진 텍스트의 뜻을 있는 그대로 받아들여 내 생각으로 만들어서 자연스럽고 편안한 말하기를 체득하기 위한 훈련이다.

우선 아래의 문장을 읽어보자.

❶ 늘 함께 다니는 정다운 새 두 마리가 같은 나뭇가지에 앉아 있다. 그 가운데 한 마리는 열매를 따먹느라고 정신이 없다. 하지만 다른 한 마리는 아무 집착이 없이 열매를 탐닉하고 있는 친구를 초연하게 바라보고만 있다. 열매를 탐닉하고 있는 새는 '에고'이고, 그냥 바라보고만 있는 새는 '참 자아'이다.

– 〈우파니샤드〉 중에서 – 🔊 3-5-1

❷ "김밥은 매끈하게 썰어진 몸뚱이 것보다 맨 끝 자투리가 무심하니 맛있습니다. 사람도 너무 완벽하고 매끈하면 인간미가 덜하고 좀 어딘가 허술한 구석도 있고 솔직한 사람이 더 인간적이고 매력이 있습니다!"

– 혜민 스님의 말 중에서 – 🔊 3-5-2

❸ 몽실은 바들바들 떨며 그 자리에 털썩 주저앉고 말았다. 몽실은 몸에 높은 열이 나면서 앓아누웠다. 머리가 아프고 어지러웠다. 그토록 모질게 견뎌온 몸이 왜 이렇게 약해져 버렸는지 모른다. 몸만 약해진 것이 아니다. 마음까지 힘을 잃고 다만 서럽고 외롭기만 했다.

– 권정생 〈몽실 언니〉 중에서 – 🔊 3-5-3

❹ 얼어붙은 거리에 휩쓸며 부는 차가운 바람이 펄럭거리게 하는 포장을 들치고 안으로 들어서게 되어 있고, 그 안에 들어서면 카바이트 불의 길쭉한 불꽃이 바람에 흔들리고 있고, 염색한 군용 잠바를 입고 있는 중년 사내가 술을 따르고 안주를 구워주고 있는 그러한 선술집에서, 그날 밤 우리 세 사람은 우연히 만났다.

– 김승옥 〈서울1964년 겨울〉 중에서 – 🔊 3-5-4

❺ 계절은 이미 가을도 깊어 산기슭은 불타는 듯 한 단풍으로 덮여 있었다. 만지면 묻어날 듯 파아란 하늘과 어우러진 눈부신 단풍을 바라보던 그는 그곳이 기억에 있는 곳임을 깨달았다. 아련한 유년의 어느 날에 지금은 둘 다 가고 없는 형과 아버지와 함께 넘은 적이 있는 구월산의 한 자락이었다.

– 이문열 〈시인과 도둑〉 중에서 – 🔊 3-5-5

※ 위 예문은 '보이스 스타일링 – 김나연의 보일러(https://voiler.modoo.at)'에서 바로 들으실 수 있습니다.

위의 글을 읽어본 후 다음과 같은 방법으로 다시 분석해보자.

❶ 키워드를 찾는다.(명사, 대명사, 수사)

❷ 체언을 꾸며주는 단어를 연결해서 말 해본다.

❸ 그러면 어느덧 문장의 이해가 빨라져 생각훈련에 도움이 된다.

　(명사는 빨간색, 수사는 밑줄, 대명사는 **진하게** 표시해본다)

❶ 늘 함께 다니는 정다운 새: 두 마리가 같은 나뭇가지에 앉아 있다. 그 가운데 한 마리는 열매를 따먹느라고 정신이 없다. 하지만 다른 한 마리는 아무 집착이 없이 열매를 탐닉하고 있는 친구를 초연하게 바라보고만 있다. 열매를 탐닉하고 있는 새는 '에고'이고, 그냥 바라보고만 있는 새는 '참 자아'이다.

－〈우파니샤드〉 중에서 －

❷ "김:밥은 매끈하게 썰어진 몸뚱이 것보다 맨: 끝 자투리가 무심하니 맛있습니다. 사:람도 너무 완벽하고 매끈하면 인간미가 덜:하고 좀 **어딘가** 허술한 구석도 있고 솔직한 사:람이 더 인간적이고 매력이 있습니다!"

－ 혜민 스님의 말 중에서 －

❸ 몽실은 바들바들 떨며 **그** 자리에 털썩 주저앉고 말았다. 몽실은 몸에 높은 열이 나면서 앓아누웠다. 머리가 아프고 어지러웠다. 그토록 모:질게 견뎌온 몸이 왜: 이렇게 약해져 버렸는지 모:른다. 몸만 약해진 것이 아니다. 마음까지 힘을 잃고 다만 서:럽고 외롭기만 했다.

－ 권정생 〈몽실 언니〉 중에서 －

❹ 얼어붙은 거리에 휩쓸며 부는 차가운 바람이 펄럭거리게 하는 포장을 들치고 안으로 들어서게 되어 있고, 그 안에 들어서면 카바이트 불의 길쭉한 불꽃이 바람에 흔들리고 있고, 엄:색한 군용 잠바를 입고 있는 중년 사내가 술을 따르고 안주를 구워주고 있는 그러한 선술집에서, 그날 밤 **우리** 세: 사:람은 우연히 만났다.

－ 김승옥 〈서울1964년 겨울〉 중에서 －

❺ 계절은 이:미 가을도 깊어 산기슭은 불타는 듯한 단풍으로 덮여 있었다. 만지면 묻어날 듯 파아란 하늘과 어우러진 눈부신 단풍을 바라보던 **그**는 **그곳** 이 기억에 있는 곳임을 깨달았다. 아련한 유년의 어느 날에 지금은 둘: 다: 가고 없는 형과 아버지와 함께 넘:은 적이 있는 구월산의 한 자락이었다.

– 이문열 〈시인과 도둑〉 중에서 –

 좀 더 명확한 문장의 분석을 위해 다음과 같이 평소 생각훈련을 하는 것이 좋다.

❶번 예문에서는

 어떤 새? 늘 함께 다니는 정다운 새.

 어떤 나뭇가지? 같은 나뭇가지.

 어떤 한 마리? 그 가운데 한 마리.

 어떤 한 마리? 다른 한 마리.

 어떤 친구? 열매를 탐닉하고 있는 친구.

 어떻게 바라보나? 초연하게 바라본다.

 어떤 새? 열매를 탐닉하고 있는 새.

 어떤 새? 그냥 바라보고만 있는 새.

❷번 예문에서는

어떤 것? 매끈하게 썰어진 몸뚱이 것.

어떤 자투리? 맨 끝 자투리.

어떻게 맛있나? 무심하니 맛있다.

뭐가 덜 하나? 인간미가 덜 하다.

어떻게 하면? 너무 완벽하고 매끈하면.

어떤 구석? 좀 어딘가 허술한 구석.

어떤 사람? 솔직한 사람.

❸번 예문에서는

어떤 자리? 그 자리.

어떤 열? 높은 열.

어떤 몸? 그토록 모질게 견뎌온 몸.

어떤 것? 몸만 약해진 것.

❹번 예문에서는

어떤 거리? 얼어붙은 거리.

어떤 바람? 차가운 바람.

어떤 포장? 차가운 바람이 펄럭거리게 하는 포장.

어떤 불꽃? 카바이트 불의 길쭉한 불꽃.

어떤 군용잠바? 염색한 군용잠바.

어떤 중년사내? 염색한 군용잠바를 입고 있는 중년사내.

어떤 선술집? 술을 따르고 안주를 구워주고 있는 그러한 선술집.

❺번 예문에서는

어떤 단풍? 불타는 듯한 단풍.

무슨 듯? 만지면 묻어날 듯.

어떤 하늘? 파아란 하늘.

어떤 단풍? 파아란 하늘과 어우러진 눈부신 단풍.

어떤 곳? 그곳이 기억에 있는 곳.

어떤 날? 아련한 유년의 어느 날.

어떤 형과 아버지? 지금은 둘 다 가고 없는 형과 아버지.

어떤 적? 형과 아버지와 함께 넘은 적.

어떤 자락? 구월산의 한 자락.

사실 이런 훈련이 왜 필요한지 의문을 갖는 사람도 있을 것이다. 내 후배 중에는 말을 할 때 늘 주어를 생략하는 습관을 갖고 있는 사람이 있다. 대화가 깊어질수록 생략되는 주어 때문에 나는 끝임 없이 "누가 그랬다는 건데?"라며 질문을 하게 된다. 그러다 보면 대화의 흐름이 깨지고 말하는 사람 역시 흥이 사라져 버려서 대화는 맥락 없이 끝이 나고 만다. 나는 늘 그 후배에게 "제발 주어를 말해."라고 하지만, 한번 길들여진 언어습관을 고치는 것은 쉽지 않은 일이다. 그렇기 때문에 말하기에 앞서 자신의 생각을 육하원칙에 따라 정리하는 것은 말의 요지를 살리고 전달력을 높이는 데 도움이 되기 때문에 반드시 훈련이 필요하다.

　문장을 분석하는 훈련에 익숙해졌다면, 다음과 같은 방법으로 한 걸음 더 내딛어 낭독훈련까지 해보자. 순서는 다음과 같다.

 생각 훈련과 낭독 훈련 순서

① 먼저 내 머릿속의 생각을 비워 하얀 도화지로 만든다.

② 대상을 누구로 할 것인지 설정.
　　친구, 상사, 부모, 윗사람 등등 장소, 구체적 상황까지 설정한다.

③ 텍스트를 읽으면서 체언(명사, 수사, 대명사), 단어의 장단음 등을 찾아
　　문장을 파악하고 키워드를 체크한다.

④ 체언에 수식어를 연결해 반복해서 말해본다.

⑤ 구어체, 내 말투로 바꿔서 한 문장씩 말하기 연습을 시작한다.
　　문장 사이에 다른 말들을 넣어 연결시켜도 좋다. "그리고, 있잖아…" 등등

⑥ 상대가 앞에 있다고 생각하고, 그 사람이 이해할 시간을 주면서 한 문장씩 말한다.

⑦ 텍스트의 내용이 내 생각처럼 정리되도록 연습을 반복한다.
　　생각하고 말하고, 생각하고 말하기를 반복한다.

⑧ 하나의 텍스트를 통해 훈련이 끝나면, 자신의 말하기를 녹음해보고
　　말하는 속도와 호흡, 발성과 발음, 그리고 문장 사이를 띄어서 말했는지 확인한다.

⑨ 부족한 점이 느껴지면, 그 점에 유의하여 다시 훈련을 반복한다.

⑩ 생각훈련과 말하기 훈련이 되었으면 마지막으로 문장 그대로 낭독한다.

위의 훈련과정을 좀 더 상세히 설명하면 먼저, 낭독대본에 나와 있는 내용을 내 생각으로 채워야 하므로 낭독 전에는 머릿속의 생각을 비워야 한다.

대상을 누구로 할 것인지 설정하는 이유는 말하기에는 반드시 대상이 있기 때문이다. 그 상대가 친구인지, 아니면 상사나 부모인지, 윗사람인지에 따라 말투도 바뀐다. 대상을 결정했으면, 현재 자신이 있는 장소와 상황도 설정한다. 장소가 회의실인지, 카페인지, 집인지, 또 상황은 자신이 친구에게 설명을 하는 것인지, 프레젠테이션을 하는 것인지, 상사에게 보고를 하는 것인지 구체적으로 설정하면 말하기가 훨씬 자연스러워진다.

텍스트를 눈으로 보며 키워드(명사, 수사, 대명사), 단어의 장단음 등을 찾는다. 문장을 파악하는 방식은 위에 설명한대로 체언에 수식어를 연결해서 말해보고 육하원칙에 따라 파악하고, 펜으로 표시하는 방법도 추천한다.

문어체의 딱딱한 말투가 아니라 평상시의 내 말투로 바꿔서 말한다. 말이 이어지도록 평소 자신이 자주 사용하는 "그런데 있잖아" 등등의 말들을 넣거나 어미를 말하기 편하게 바꾸어도 좋다. 그리고 녹음을 통해 자신의 말하기 전반에 관한 것들을 확인한다. 부족한 점이 느껴지면, 그 점에 유의하여 반복 훈련을 하는 것이 중요하다.

　훈련에 도움이 되길 바라면서 내 경험을 이야기하면 목소리 연기를 하는 성우에게 마이크는 친구이자 연인, 때로는 부모나 형제자매와 같은 존재다. 마이크를 대상으로 희로애락을 연기하는 것이다. 마치 연인을 바라보듯 마이크를 보면서 세상에 둘도 없는 소중한 대상인 듯 마이크에 집중한다. 이쪽 분야가 아닌 사람들이 보면 좀 생소한 광경일 수 있지만, 이런 방법은 낭독이나 연기를 하는 데 많은 도움을 준다. 생각훈련에서 대상을 설정할 때도 이와 같은 방법을 쓰면 좋다. 허공에 대고 이야기를 하는 것보다는 자신이 좋아하는 인형이나 스타의 사진, 영화 포스터 등 소품 등을 활용하면 좀 더 말하는 상황을 구체적으로 설정하는데 도움이 된다.

생각 훈련과 낭독 훈련을 위한 텍스트는 다음과 같다. 책에 실린 내용 외에도 자신이 좋아하는 소설이나 마음에 드는 신문 사설을 찾아 대신하는 것도 효과적이다. 왜냐하면 우리가 패션 스타일링을 할 때도 다양한 옷으로 갈아입으며 이런 저런 시도를 하듯 보이스 스타일링도 마찬가지기 때문이다. 소설이나 신문 사설, 에세이, 시나 가요 등 다양한 글들을 통해 오늘은 내가 가진 목소리 중 어떤 목소리를 입을지 그 글에 맞는 보이스를 스타일링 해보자.

❶ 고개가 앞에 놓인 까닭에 세 사람은 나귀를 내렸다. 둔덕은 험하고 입을 벌리기도 대견하여 이야기는 한동안 끊겼다. 나귀는 건뜻하면 미끄러졌다. 허생원은 숨이 차 몇 번이고 다리를 쉬지 않으면 안 되었다. 고개를 넘을 때마다 나이가 알렸다. 동이같이 젊은 축이 그지없이 부러웠다. 땀이 등을 한바탕 쭉 씻어 내렸다. 고개 너머는 바로 개울이었다. 장마에 흘러 버린 널다리가 아직도 걸리지 않은 채로 있는 까닭에 벗고 건너야 되었다. 고의를 벗어 따로 등에 얽어매고 반벌거숭이의 우스꽝스런 꼴로 물속에 뛰어들었다.

― 이효석, '메밀꽃 필 무렵' 중에서 ― 🔊 3-5-6

❷ 국내 외국인 직접투자가 줄어드는 상황에서도 경기도내 외국인 투자는 오히려 증가한 것으로 확인됐다. 경기도는 이런 증가 이유로 도의 투자 유치 다변화 전략 추진에 따른 싱가포르 투자 급증을 꼽고 있다. 실제로 싱가포르는 올해 반도체 핵심 물질 제조 글로벌 기업인 버슘 머트리얼즈가 9천3백만 달러를 투자하는 등 모두 8억4백여만 달러를 신고했다. 이는 지난해 같은 기간 5천만 달러에 비해 16배가 넘는 증가세다.

– '가상의 논설' 중에서 – ◀ 3-5-7

❸ 그는 이렇게 자신에게 말했다. '아니, 나에게 부여된 모든 것을 망가뜨리면서도 이것을 회복할 수 없다는 의식을 가지고 이 세상을 떠난다고 한다면, 그때는 도대체 어떻게 될 것인가?' 그는 벌렁 드러누워서 완전히 새로운 눈으로 자신의 전 생애를 다시 한 번 고쳐보기 시작했다. 이튿날 아침에 하인을 보고 이어서 아내, 그리고 딸, 그 다음에 의사를 차례차례로 보았을 때, 그들의 일거수일투족이, 말 한마디 한마디가 밤사이에 계시되었던 무서운 진리를 그에게 확증했다. 그는 그런 것들 중에 자기 자신의 모습을 보았다.

– 레프 니콜라예비치 톨스토이, '이반 일리치의 죽음' 중에서 – ◀ 3-5-8

❹ 내가 중요시했던 것은 민주주의의 실현이었지 내가 대통령이 되는 것은 아니었다. 때문에 나는 우선 민주주의의 실현을 위해 모든 노력을 다했을 뿐이다. 검찰에서는 내가 정상적인 방법으로 정권을 잡을 수 없어 학생 데모를 통해 집권하려 했다고 공소장에 말하고 있으나 나는 총 한 방 쏠 줄 모르는 사람이다. 내가 제일 바랐던 것은 선거였으며, 선거만 순조롭게 이루어진다면 집권할 수 있거나 그렇지 못하더라도 적어도 4년 후를 대비한 튼튼한 기반을 구축할 수 있을 것이라고 생각했다.

– 김대중 〈군사재판 법정 최후진술〉 중에서 – ◀ 3-5-9

❺ 아침에 잠자리에서 일어나서 밖으로 나오면, 밤사이에 진주해 온 적군들처럼 안개가 무진을 뺑 둘러싸고 있는 것이었다. 무진을 둘러싸고 있는 산들도 안개에 의하여 보이지 않는 먼 곳으로 유배당해 버리고 있었다. 안개는 마치 이승에 한이 있어서 매일 밤 찾아오는 여귀가 뿜어 내놓은 입김과 같았다. 해가 떠오르고, 바람이 바다 쪽에서 방향을 바꾸어 불어오기 전에는 사람들의 힘으로써는 그것을 헤쳐 버릴 수가 없었다.

– 김승옥 〈무진기행〉 중에서 – ◀ 3-5-10

※ 위 예문은 '보이스 스타일링 – 김나연의 보일러(https://voiler.modoo.at)'에서 바로 들으실 수 있습니다.

소설가 지망생 중에는 자신이 좋아하는 소설을 처음부터 토씨 하나 빼지 않고 필사를 하는 사람이 있다. 무심히 읽어버리고 마는 소설 속의 훌륭한 표현들을 익히고 플롯을 뇌 속에 각인시키는 데 효과적인 방법으로 알려졌기 때문이다. 우리가 하는 보이스 스타일링도 이와 비슷한 원리다, 다만, 그것이 손으로 써서 익히는 것이 아니라 말을 통해 익히는 것으로 이해하면 된다.

다만, 훈련을 효과적으로 하기 위해 텍스트를 이용하는 것이지만, '읽기'가 되어버려서는 안 된다. 생각 없이 그저 읽어 내다가는 우리 쪽에서 표현하는 '쪼'라고 하는 이상한 리듬이 생겨버리기 때문이다. 어린 시절 배웠던 웅변, 딱딱한 연설, 쇼 MC, 최근의 전화 상담 등에서 느껴지는 자연스럽지 않은 말투는 일상생활에서 잠깐 유머처럼, 농담처럼 사용할 수는 있지만, 모든 말을 그렇게 해서는 안 된다. 그래서 성우들은 이 이상한 '쪼'가 생기지 않게 부단히도 노력한다. 하지만 한번 생긴 '쪼'는 여간 노력해선 고쳐지지 않는다. 마치 수년 동안 꽉꽉 눌려서 구겨진 옷은 아무리 다림질을 해도 잘 펴지지 않듯, '쪼'는 플라스틱 용기를 찍어내는 금형과 같아서 쇼 MC의 말투가 몸에 배어버린 성우는 다큐멘터리의 성우가 될 수 없다. 어떤 말을 해도 모두 쇼처럼 느껴지기에 무게도 실리지 않을뿐더러 신뢰감도 떨어지는 것이다. 그렇기 때문에 아예 훈련 처음부터 이 '쪼'가 생기지 않도록 신경써

야하고 그 방법은 바로 '읽는 것'이 아니라 '말하는 것'에 있는 것이다.

다음으로 넘어가기 전 지금까지 배운 '제대로 말하기' 방식을 다시 한 번 호흡에서부터 낭독까지 되짚어보면서 훈련을 이어가길 바란다.

6 시 낭송을 통한 기다려주기 훈련

어느 날인가, 문학의 밤 행사에 초청되어 갔을 때의 일이다. 여류 시인 한 분이 자신의 쓴 신작시를 발표하는 순서가 있었다. 다들 집중한 가운데 드디어 낭독이 시작되었다. 하지만 꽤 장편의 시였음에도 내 귀에는 첫줄을 제외하고는 들리지 않았다. 당연히 감동 또한 받을 수 없었다. 무슨 이유에서였을까. 시는 굉장히 함축적으로 시인의 마음을, 풍경을, 상황을 묘사한다. 그렇기 때문에 독자는 시를 한 줄 한 줄을 읽으면서 그 함축적인 문장의 의미를 이해하고 이미지를 떠올린다. 그런데 그 여류 시인은 청중들이 듣고 이해하고 감동할 시간을 주지 않고, 자신의 감정에 취해 너무 빨리 시를 낭독했던 것이다. 더구나 신작이라 전혀 들어보지 못한 시였음에도 청중에 대한 배려는 없었고, 오히려 자신의 시에 심취한 듯 감정을 과하게 실어 "오~!"하는 소리만 들렸다. 차라리 인쇄된 지면으로 만나는 것이 시를 감상하기에 더 좋겠다는 생각까지 들었다.

흔히 시를 낭송하는 경우 대부분의 사람들이 이런 실수를 저지른다. 왠지 시는 감정을 많이 실어야 한다고 생각하는 것 같다. 시 낭송 역시 첫 번째 목적은 전달과 소통이고 흔히들 말하는 감성적인 느낌은 맨 마지막이 되어야 한다. 시 낭송을 할 때 많이 꾸며서 읽어야 한다는 잘못된 생각은 전달과 소통에 방해가 될 뿐이다. 그저 담담히 낭송하며 마지막에 그 시를 통해 얻은 느낌을 플러스 한다는 정도면 충분하다.

그래서 나는 시 낭송을 '감정 훈련'이 아닌 상대가 듣고 이해할 시간을 주는 말하기 훈련법으로 택했다. 내가 자주 낭독하는 안도현 시인의 시 중에 간장 꽃게를 소재로 한 〈스며드는 것〉이라는 시가 있다.

이 시를 읽다보면 시를 통해 전하려는 시인의 뜻이 무엇이든, 간장이 부어진 통 속의 게들과 그것이 익어갈 시간들이 영상처럼 머릿속에 떠오른다. 만일 누군가 이 시를 나에게 처음 들려줄 때, 머릿속에서 이런 그림들이 떠오를 시간을 주지 않고 쭉 낭독했다면 결과는 어떠했을까. 시의 내용을 듣고 이해하기에 바빠 감동은 없었을지 모른다. 말도 이와 같다. 상대가 잘 들을 수 있도록 시간을 주는 것, 그리고 상대가 그 말의 의미를 잘 받아들일 수 있도록 기다려 주는 것이다. 말은 배려다. 귀로 듣고 머릿속으로 상상해서 그림을 그리고 이해할 수 있도록 행간을 띄는 연습을 해보자.

시를 읽고 느끼는 감정은 다양하다. 독자의 경험에 따라 감정과 깊이는 또 달라진다. 그러므로 자신의 감정을 과잉으로 드러내서는 안 된다. 그것은 자신의 감정을 강요하는 것과 마찬가지라서 어딘가 자연스럽지 못하게 된다. 고로 나는 여러분들이 다음의 시들을 감정의 과잉 없이, 정확한 전달력으로, 듣는 이를 기다려주며, 담담히 읽어주길 부탁한다.

다음 쪽의 시들을
참고하세요.

Tip

돌

손월언

바닷가에서
주워온 돌

바람이 묻었나
불어본다

물소리가 들었나
흔들어본다

파도에 깎인 몸은
한없이 매끄럽고 둥글어

한밤에
볼에 대고 문지른다

책상 위에 올려놓고
돌이 있던 바다를 생각한다

돌이 있던 바다를 떠올릴 뿐
돌 속에 든 바다에 다가서지 못한다

돌도 돌 속에 들어 있는
수많은 날과 밤을 말하지 않는다

책상도 무심하다

– 시집 '마르세유에서 기다린다'에서 –

🔊 3-6-1

사람 노릇

손월언

돈벌이를 잃고
일 없이 오래
이 도서관 저 도서관을
떠돌다가
문득
돈벌이를 할 수 있다면
그게 사람 노릇일 거라는 생각

돈벌이에 받혀
죽어라
꼼짝 못하고 일만 하다가
문득
돈벌이를 버릴 수 있다면
그게 사람 노릇일 거라는 생각

– 시집 '마르세유에서 기다린다'에서 –

🔈 3-6-2

엄마의 수의

박용범

이 세상 마지막 옷 저 세상 배냇저고리 같은 옷 수의
윤년 윤달에 지어드리면 오래 사신다는데 주검도 남만 못하면 서러운 법
자손 된 도리로 마지막 효도의 허울로 엄마의 수의를 짓는다
엄마 손 닮은 거칠고 성긴 아주 누런 삼베로
누구라 이 바느질 곱다 할까 한 땀 한 땀 저승길 수 놓듯
매듭도 짓지 않고 풀어헤칠 수의를 깁는다
거칠어도 곱단다 성글어도 짱짱하단다 내 옷이라 좋다 한다
틀니 빠질 듯 함박웃음 그 뒤에 서린, 뜻 모를 한숨
엄마의 수의를 짓는 것은 떠나 보내는 상실의 예행연습
잃는 것 잊어야 할 것에 대한 장엄한 의식
불 닿으면 타버릴 이 세상 기억 묻으면 썩어질 인연의 흔적
엄마의 수의가 옷이 아니듯 엄마의 주검도 주검 아니기를
이승의 옷 한 벌 저승의 선물이기를
휘이 휘이 천사 날개 소맷자락 팔랑 팔랑 나비 같은 옷고름
엄마 수의 몰래 입고 엄마처럼 날아본다 엄마처럼 살아본다.

🔊 3-6-3

택배 아줌마

박용범

씩씩하고 재빠르고 싱글생글 슈퍼파워 후다다닥
우리 택배 아줌마.
초저녁 어스름 홀쩍 나타나 '택배 아줌마에요.'
'나가요.' 하기 전에 벌써 '여기 놓고 가요.'

그에게 또 하나 배우고 부끄럽다.
욕실 슬리퍼, 현관 모기장, 먼지 제거 롤러
선물 담뿍 우리의 산타우먼.
잡동사니, 현실의 요물들 뿌려놓고
마귀할멈 앞서 빗자루 타고 뾰로롱

그에게 굴욕의 문턱이 있을까?
당당하여 의심스런 그래도 여염집 삼시세끼를 위해
겸손한 사교육비를 위해 부실한 서방님 병원비를 위해
거울 앞 백설공주 탐하지 않고 후다닥

그에게도 생계는 버거움일까?
늦은 밤 택배차 핸들에 눈물 찍던 그를 만난다.
집으로 가는 길은 택배보다 무거운데
덜어낸 짐만큼 이 밤도 가볍기를
콩쥐 같고 심청 같은 택배 아줌마
깨진 독에 꿈 채우러 눈먼 이들 빛 보이려
이 밤 길 떠난다.

🔊 3-6-4

카톡은 바쁘다

박용범

오늘도 카톡은 바쁘다. 새벽부터 하루 종일 카톡 카톡
카톡해서 잠을 깨니 잠자리에 들어도 카톡한다.
카톡은 바쁘다.
예뻐지셔야죠? 운동 안 하실 거예요? 오늘 점심은 뭐 드세요?
카톡은 별걸 다 챙겨준다.

카톡은 자상하다. 엔간히 잊었던 친구들 만나라고 카톡 카톡
이제 만나지 않아도 서운할 것 없는데 카톡한다.
카톡은 바쁘다.
저 다이어트 중이에요. 나 이혼했다. 자냐, 뭐해?
카톡은 희한한 것들도 다 가르쳐준다.

카톡은 징그럽다. 꿈꾸기도 버거웠던 일이라고 카톡 카톡
그런 세상 알고 싶지 않아도 카톡한다.
카톡은 바쁘다.
어제 강남 갔었다며? 섹시한 거 좋아하죠? 주변 관리 잘 하세요.
카톡은 끔찍한 것들로 겁박한다.

이미 우리는 얽매임에 익숙하다.
차라리 노예일 때가 편하다. 그러나 지배 당하는 건 굴욕이다.
문명의 협박, 말단의 유혹, 찰나의 격정
카톡은 그런 것들을 경고한다.
드라마틱, 스펙터클, 파노라마, 카톡은 그런 것들을 교육한다.
그래서 오늘도 카톡은 바쁘다

🔊 3-6-5

들꽃처럼

박용범

들꽃처럼 산다는 것은 이름 없이 빛도 없이 사는 것이 아니다.
들꽃처럼 산다는 것은 한결 같이 어제처럼 내일처럼 산다는 것이다.
소박과 순수가 넘쳐 때로는 촌스럽고 꾸밈과 가꿈이 없어 도리어 부끄러운
이름 모를 들꽃은 들꽃만으로도 그 이름이 된다.

들꽃처럼 아름답다는 것은 순수하다는 것 과장이 없다는 것
있는 것 그대로 생긴 것 그대로의 아름다움
들꽃은 들꽃이라 아름답다.
과한 몸짓도 헛된 상징도 없는 그래서 보여줄 것도 설명할 필요도 없는
들꽃은 들꽃만으로도 그 존재의 이유가 된다.

들꽃처럼 살고 싶다는 것은 평범하게 보통으로 사는 것이 아니다.
들꽃처럼 살고 싶다는 것은 내려놓고 퍼내고 비우며 산다는 것이다.
비우고 비워도 퍼내고 퍼내도
언젠가는 또 차고 넘치게 되는 일상화된 욕심

들꽃은 들꽃만으로도 이미 욕심을 버렸는데
길가에 채이는 들꽃 밟지 말라.
들꽃은 들꽃의 의미로 들꽃의 이름만으로도 생명이다.
그래서 들꽃으로 산다는 것은 소박한 철학으로
순수의 이름으로 사는 것 만큼 위대한 것일지도 모를 일이다.

🔊 3-6-6

틈

물 샐 틈 없어야 할 것들은 따로 있다.
사람과 사람 사이에는 틈이 있었으면 좋겠다.
마음 한구석 들어갈 자리, 사이와 사이가 벌어진 여유
그런 틈이 있었으면 좋겠다.
기회를 엿보는 자리, 벌어지고 갈라진 공간이 아닌
가려주고 메워줄 허술한 구석 넉넉한
틈이 있었으면 좋겠다.

짬 낼 틈조차 없어야 할 것들은 따로 있다.
아무리 바쁜 사이에도 틈이 있었으면 좋겠다.
하늘 올려보고 콧노래 흥얼거릴 가벼운 여유
그런 틈이 있었으면 좋겠다.
동분서주 몸도 마음도 바쁘고 지쳐도
누군가의 이야기에 귀 기울여줄 너그러운 가슴
그런 틈이라도 있었으면 좋겠다.

틈을 비집고 들어가야 할 것들은 따로 있다.

받아주고 내어주는 그런 틈이 있었으면 좋겠다.

따지고 묻기보다는 시원하게 대답하는 흔쾌함

그런 틈이 있었으면 좋겠다.

비록 가진 것 없어도 더 가진 것 없는 이에게

나누어주고 안아주는 자상한 베풂

그런 틈이라도 있었으면 좋겠다.

틈조차 없다는 것은 완벽하지 못한 메마른 것

만족하지 못한 멋없는 것은 아닐까?

틈이 있다는 것은 허술하기는 해도 순수한 것

모자라기는 해도 채울 수 있다는 것인데

물 샐 틈, 짬 낼 틈, 들어갈 틈도 없이 살지 않았으면 좋겠다.

넉넉하고 너그러운 틈

아름다운 틈이 있는 그런 사람으로 살았으면 좋겠다.

🔊 3-6-7

말하기와 듣기 사이

박용범

말하기는 외롭다 버겁다
그리고 허무하다.
듣기보다 힘들다 괴롭다
그리고 의미 없다.
말하기가 난무하여 듣기보다 풍성한데
우리는 다시 말하고 세상은 말하기를 부추긴다.

듣기는 귀찮다 지겹다
그리고 부담된다.
말하기보다 힘들다 괴롭다
그리고 의미 없다.
듣기가 희박하여 말하기보다 미천한데
우리는 듣지도 않고 세상은 듣기를 거부한다.

말하기와 듣기 사이
강요와 포용
고민과 번뇌 사이
말하기와 듣기 사이 그것은 의지도 선택도 아니다.
'가, 부'도 '호, 불호'도 아닌
말하기와 듣기 사이

나중에 말하라 먼저 들으라.
그래서 듣는 것처럼 말하고 말하는 것처럼 들으라.

🔊 3-6-8

인연

박용범

사람과 사람 사이, 삶과 삶 사이에 맺어지는 어떤 것
끊으려 해도 이어지고 이으려 해도 끊어지는 어떤 것, 인연
만나고 만나고 또 만나서 아스라히 이어지는 보이지 않는 견고함
수억만 년 셈할 수도 없는 영겁을 더하는 무량의 만남과 시간들

옷깃만 스쳐도 인연이라지만
그 옷깃이 수억 년에 한 번 스쳐 바위가 닳아지는 시간
감히 영원이라 말할 수도 없는 것
기적 같은 만남으로 시작하여 마법 같은 만남으로 헤어지는 세월
누구라 인연을 말할까? 인연을 말하는 것만으로도 이미 인연인 것을

전생을 같이해야 인연이라지만 그 전생이 다시 후생으로 이어져
바다가 말라버릴 시간, 세상 어떤 말도 표현 못할 어떤 것
불가의 말이 아니어도 인연은 그것만으로도 축복인 것을
누구라 인연 없다 말할까?
인연을 떠올리는 것만으로도 이미 인연인 것을

이 생을 사람으로 살면서 맺게 되는 수많은 인연들
시간도 관계도 사연도 벗어버린 인연다운 인연을 꿈꾼다.
인연은 욕심도 강요도 사랑마저도 버려야 할 어떤 것
그래서 인연은 알 수 없는 그 어떤 것.

🔊 3-6-9

※ 위 예문은 '보이스 스타일링 – 김나연의 보일레(https://voiler.modoo.at)'에서 바로 들으실 수 있습니다.

지금까지 우리는 세상에서 가장 좋은 '내 목소리'를 찾는 것을 시작으로 말하기 호흡과 발성, 발음, 그리고 생각하며 말하는 훈련까지, 보이스 스타일링의 8부 능선을 넘어왔다. 지금까지의 과정을 잘 따라왔다면 나는 다음 과정으로 넘어가기 전 '거침없이 마구 말하기'를 추천한다. 자신의 목소리를 잘 모르고, 밖으로 표현하는 말하기 경험이 많지 않아서 말을 못하는 것처럼 느꼈다면, 또 말을 하는 것에 긴장을 느끼고 있었다면 이제 그 두려움을 내려놓고 남들 앞에서 당당히 말할 차례가 되었다. 소설가 지망생이 습작의 과정 없이 자신의 작품을 세상에 내놓을 수 없듯이 진정한 보이스 스타일링 훈련은 바로 남들 앞에서 자신의 목소리를 내는 것이다. 친한 사람 앞에서 당신의 목소리로 이야기하고 상대의 이야기를 들어보자, 만일 말을 하는 자신의 목소리가 귀에 또렷이 들리고 상대방이 당신의 말에 집중하기 시작한다면 당신은 제대로 말하고 있는 것이고, 당신의 보이스 스타일링은 이미 성공한 것과 다르지 않다.

| 병행 | 각종 훈련

- 내 목소리의 강화

- 내 감정과 마주하기

- 낭독, 시낭송 등을 통한 훈련

- 나를 다듬는 과정

chapter 4

말에 감정을 실으면
누구나 당신 편이 된다.

말에 감정을 실으면
누구나 당신 편이 된다.

1 화내기는
쉽다?

　"화병(火病)"은 분노, 좌절, 울분, 억울함 등을 오랜 기간 해소하지 못하고 억제하면서 생기는 병이다. 1995년 미국 정신의학회는 '화병'을 한국인에게 독특하게 나타나는 신경정신 질환으로 공식 인정하였고, '화병(hwa-byung)'이라는 이름 그대로 등재했다. 이때의 화(火)는 불이 아닌 분노를 의미한다. 역사적 배경과 사회적 환경이 우리 사회의 화를 키워 온 것인지 모르지만, 모두가 마음속에 크고 작은 화를 안고 사는 것은 분명한 것 같다.

　이번 장의 시작을 화병으로 시작하는 것에는 이유가 있다. 시낭송을 통해 감정과잉을 자제하라고 말했지만, 사실 우리는 일상의 말에서는 오히려 감정을 잘 표현하지 못한다. 지방의 한 문화 강좌에서 40여 명의 수강생을 모아 놓고 보이스 스타일링 강의를 진행했을 때였다. 그날은 희로애락(喜怒哀樂)을 통한 감정표출훈련 시간이었는데, 아니나 다를까 수업은 시작부터 난관에 부딪혔나. 사람들은 기쁨(喜)을 쉽게 드러내지 못했다. 특히 '하하하하' 하고 시원하게 박장대소하는 웃음소리는 어떤 사람에게서도 듣기 어려웠다. 대부분 '피식'하고 웃다 말거나 웃어도 3초를 채 넘기지 못한 채 그저 멋쩍게 미소만 지을 뿐이었다. 물론 갑자기 소리 내어 웃는 것이 쑥스러워서 그랬을 것이다. 하지만 반대로 분노(怒)의 감정은 전혀 달랐다. 일상에서 수많은 화를 감내하며 살아서 그런지, 모두들 분노의 감정을 표현하는 것에는 놀라울 정도로 능숙했다. 다들 이때다 싶었던 것일까, 그 대상도 시어머니와 남편 등, 제일 가까운 가족부터 직장 상사와 동료까지 알아서 척척 설정을 할 정도였다. 연기를 너무 잘해서 현장에서 교재의 난이도를 한 단계 높였지만, 그마저도 너무 훌륭히 소화해내서 함께 간 강사들이 모두 놀랄 정도였다.

그리고 슬픔을 표현할 차례가 되었다. 수강생 중 가장 연세가 많은 60대의 아주머니 한 분에게 교재를 내밀었다. 남편이 교통사고로 갑자기 죽은 상황에서 "여보, 나 어떻게 해, 당신이 먼저 가면 나는 어떻게 살라고."라고 울먹이며 먼저 간 남편의 죽음을 슬퍼하는 설정이었다. 잠시 교재를 읽어본 아주머니는 눈만 껌벅거리다 마침내 입을 열었다. "선생님, 나 못하겠어. 슬픈 마음이 안 나오는데 어떻게 해요?" 하는 것이었다. 내가 "이 원수 같은 남편, 잘 죽었다. 언제 죽나 했는데…… 그런 느낌이 드시냐?" 하니까 "맞아요. 그 마음이에요." 하셨다. 수강실 안은 한바탕 웃음 바다가 되었고, 나 역시 한참을 웃다가 그러면 그 표현을 해보라고 하니까 교재도 필요 없을 정도로 척척 분노의 감정을 표현했다.

심지어는 30~40대의 사람들도 자신의 아이한테까지 분노는 기가 막히게 표현했다. 그런데 반대로 아이를 다독거리면서 마음을 담아 전하는 따뜻한 감정표현은 말도 호흡도 꼬여서 애를 먹었다. 거짓말처럼, 상대에게 조근조근 자신의 마음과 생각을 전달하여 공감대를 형성하고 설득하는 방법은 40명 전부가 힘들어했다. 모두가 마치 화를 내기 위해 모인 것처럼 보일 정도로 웃음, 기쁨, 칭찬에는 '인색'하고 분노와 울음에는 '익숙'하다. 긍정적인 감정은 쉽게 표현하지 못하면서 부정적인 감정의 표현에는 익숙하다는 것은 건강하지 않은 삶이다. 과거 우리의 교육은 감정을 너무 빨리 또 많이 드러내면서 사는 것은 경박하다고 여기는 분위기가 있었다. 감정은 숨기고 참아야 하는 것처럼 여기며 살다보니 자신의 감정을 표현하고 표출하는 방식은 잊어버리고 말에도 무뚝뚝함이 배어버렸다. 몇 년 전 화제가 되었던 "괜찮아요? 많이 놀랐죠?"라는 아이돌 출신 연예인의 로봇 연기를 오늘도 하고 있는 것은 아닌지, 돌이켜 볼 일이다.

말의 품격을 더하는 보이스 스타일링

2 감정을 솔직하게 표현하라

보이스 스타일링에서 낭독이 아닌 감정표현훈련이 왜 필요할까? 그것은 내 감정의 주인은 '바로 나'이기 때문이다. 우리는 자아를 인지함과 동시에 남의 시선을 신경 쓰면서 사회의 룰에 자신을 맞추며 살아왔다. 인간관계에서의 예의, 사회 속 통념, 유교사상 등에 비춰봤을 때, 살면서 감정을 조절하지 못하면 어린아이 같다는 비난을 받으며 자랐고, 그러다보니 나이가 들어서는 감정을 억제하고 조절하는 능력을 갖게 되었다.

보이스 스타일링은 나의 진정한 목소리와 나만의 캐릭터를 찾아가는 과정이다. 어떻게 보면 보이스 스타일링은 자아를 찾는 과정이며 그러기 위해서는 솔직한 자신의 모습을 정면으로 마주 보아야 하는 것이다. '왜 남들 앞에서 제대로 내 목소리를 내지 못하게 되었는가?' '왜 나는 감정 표현이 서투른가?' 자신의 감정에 솔직하지 못하거나 또는 감정을 표현하지 못하면 올바른 말하기는 실현할 수 없다.

사람은 감정의 동물이다. 절대로 내 감정을 숨기거나 속이거나 변형시킬 필요 없다. 자신의 감정에 솔직한 사람만이 남의 감정에도 솔직하며 타인이 처한 상황을 내 상황처럼 이해하며 배려할 줄 알게 된다. 그것이 보이스 스타일링에서 말하는 배려다.

우리는 TV 드라마나 영화 속에서 멋진 연기를 하는 배우들을 쉽게 접한다. 그들의 연기에 웃고 우는 이유는 극 속의 상황과 갈등관계에서 빚어지는 그 배역의 감정에 공감하기 때문이 아닐까? 좋은 연기는 시청자들의 공감을 얻어낸다. 하지만 그들은 프로페셔널(professional)한 연기자다. 여러분에게 그런 전문 연기자의 모습을 기대하는 것은 아니다. 다만 감정 표현에 익숙해지고 솔직해지자는 말이다. 다시 말하면 우리가 말하기를 통하여 듣는 이의 마음을 움직이거나 설득시키기 위해서는 텍스트에 적합한 감정을 어느 정도 표현 할 줄 알아야 한다는 말일 수도 있겠다. 이것은 간단한 노력과 훈련으로 가능하다. 왜냐하면 감정이 없는 사람은 없기 때문이다. 오늘부터는 하루에도 열 번, 스무 번 이상 변하는 나의 모든 감정을 느끼고, 표현하고, 사랑해보자.

단, 감정은 톤이나 말투의 문제가 아니다. 느낌이다. 말에 감정을 실어야 하는 이유는 말이라는 것이 단순히 단어들의 나열은 아니기 때문이다. 미세한 차이로 말의 느낌이 달라지는 뉘앙스부터 말을 하는 사이사이 잠깐씩 드러나는 호흡과 표정, 외마디의 소리까지가 모두가 말하는 사람의 감정을 표현하는 방식이다. 말에 이런 것이 얹어져야 좀 더 말하는 사람의 감정이 분명히 전달된다.

사람들은 말에 감정을 실으라고 하면 보통 톤을 바꾼다. 기쁘면 기쁜 대로, 화가 나면 화가 나는 대로 목소리부터 올라간다. 감정은 톤이 아니라, 느낌이다. 낮고 작은 소리로도 그 느낌은 얼마든지 살릴 수 있다. 아기나 강아지를 보면서 그 귀여운 모습에 고성을 내지는 않는다. 오히려 아기나 강아지가 놀랄 새라 웃음을 머금고 작은 목소리로 속삭이듯 말한다. 커다란 감정의 과잉이 아닌 "어쩌면 이렇게 귀여울까!"하면 그것으로 끝이다.

또 영화나 드라마의 주인공의 대사도 떠올려보자, 막다른 길로 몰린 주인공들이 연기한 말 한 마디는 명대사가 되어 곳곳에서 패러디된다.

〈친구〉의 유오성   "니가 가라, 하와이."
〈올드보이〉의 최민수 "넌 누구냐? 누구냐 넌?"
〈아저씨〉의 원빈   "난 오늘만 산다!"
〈신세계〉의 박성웅 "죽기 딱 좋은 날씨네."

위의 모든 대사는 고성이 아니지만, 관중들의 마음을 사로잡았다. 물론 모든 느낌을 중저음으로 내라는 것은 아니지만 감정을 싣는다고 무조건 톤에 변화를 줄 필요는 없다는 것을 말하고 싶은 것이다.

세상에는 수많은 감정이 있지만 일상생활에서 가장 많이 느끼고 살아가는 희로애락, 즉, 기쁨, 노여움, 슬픔, 즐거움에 대한 감정표현을 훈련하려고 한다. 감정훈련은 다소 복잡하고 힘든 과정일 수 있다. 하지만 나는 보이스 스타일링을 통해 좀 더 쉬운 방법으로 접근하려고 한다. 이 과정을 거치면 자신의 감정에 솔직해지는 자신을 발견할 수 있을 것이다.

사실 감정이란 어떤 면에서 보면 훈련으로 발달시킬 수 있는 차원이 아니다. 왜냐하면 감정은 마음속에서 저절로 우러나는 것이기 때문이다. 눈물이나 웃음이 많은 사람에게 감정적이라고 말하는 것도 이 때문이다. 감정이 많은 사람은 대게 배려가 많은 사람일 가능성이 높고 사람다운 향기를 지니고 있을 가능성이 크다. 하지만, 남들 앞에 서면 이 감정이란 부분을 철저히 감추고 살아온 경우에는 그 표출이 생각만큼 쉽지 않을 것이다. 이런 경우 때로는 감정도 훈련이 필요하다는 생각을 할 필요가 있다. 어찌됐든 결과적으로는 감정이 실린 말하기와 감정이 없는 말하기는 상대방의 마음을 움직이거나 설득하는데 있어서 확실히 차원이 다르기 때문이다.

자, 그렇다면 희로애락을 표현하는 연습을 시작해보자.

 감정 싣기 훈련 순서

① 희로애락에 대한 감정, 공간과 상대 등등을 설정한다. 자신의 캐릭터를 잡고 주인공이 되어 연기자가 되어보는 것이다.
② ①의 설정을 이미지로 머릿속에 그린다.
③ 감정에 따라 표정을 짓거나 자연스럽게 손동작을 한다. 말보다 표정이나 액션이 선행되어야 말하기에 임팩트가 생긴다.
④ 부정적인 감정이든, 긍정적인 감정이든 느낌을 실어 말한다.

희로애락에 대한 감정, 공간과 상대 등등을 설정할 때 좀 더 쉬운 방법은 자신의 삶에서 그와 가장 유사했던 순간의 기억을 소환하는 것이다. 그때의 감정을 끌어와서 연습하면 된다. 만일 자신의 삶에서 그런 다양한 감정을 경험해보지 못했다면, 좋아하는 드라마나 영화 속의 인물을 떠올리면서 그 사람의 감정을 표현해

보는 것도 좋다.

이처럼 특정한 상황과 캐릭터를 설정하여 그 주인공처럼 연기해보라는 것은, 어떻게든 감정을 표현해보자는 훈련의 한 방법으로 제시하는 것이지 일상에서도 자신의 감정과 무관하게 연출된 감정으로 연기를 하라는 의미는 아니다. 실제로 연기를 대화에 이용하는 경우도 있다. 역사 강사로 유명한 설민석 씨와 스타 강사 김미경 씨의 강의가 그렇다. 설민석 씨의 경우는 역사 속 인물이 되어, 대사를 읊조리듯 강의를 한다. 김미경 씨의 강연 안에도 많은 인물들이 출연한다. 이 두 분은 에피소드를 전달할 때 그 주인공이 되어 적절한 연기와 대사로 강연을 지루하지 않게 만든다.

우리가 친구들과 대화를 할 때도 말을 재밌고 맛있게 하는 사람들이 있다. 화제의 드라마를 이야기할 때도 그냥 무미건조하게 스토리만 전달하는 것이 아니라, 주인공의 성대모사를 하기도 하고, 변사가 되어 재미있는 해설을 붙이기도 한다. 누군가의 이야기를 간접 인용하는 것보다 직접 인용하는 것이 훨씬 실감나기 때문이다. 드라마 〈도깨비〉에서 공유의 명대사로 너무나 유명한 "날이 좋아서 날이 좋지 않아서 날이 적당해서 모든 날이 좋았다." 이것을 연기를 통한 감정 없이 그대로 읽는다면 과연 이 느낌을 어떻게 표현할 수 있을 것이며, 과연 이 달달함을 얼마나 전달할 수 있을까?

3 감정 단어를 통한
일상에서의 감정 훈련법

　세상에는 수많은 감정이 있지만 우리는 보통 크게 감정을 일곱 가지로 나누고 이것을 7정이라고 한다. 희(喜) 로(怒) 애(哀) 락(樂) 애(愛) 오(慾) 욕(惡). 감정이 이렇게 일곱 가지로만 나뉘는 것은 아니겠지만, 전문 연기자가 되기 위해 훈련하는 것은 아니니 여기서는 일상생활에서 가장 많이 느끼고 살아가는 희로애락 즉, 기쁨, 노여움, 슬픔, 즐거움(기쁨과 겹치므로 사랑-愛로 교체)에 대한 감정표현을 통하여 좀 더 구체적으로 감정 훈련을 해보도록 하자.

희로애락과 관련된 단어를 나는 보이스 스타일링에서 '감정 단어'라고 부른다. 우선 이런 '감정 단어'를 생각나는 대로 적어보자. 각 감정마다 최소 10개 이상, 그보다 더 많으면 많을수록 좋다. 한 가지 감정을 표현하는 단어도 있지만 여러 복합적인 감정을 함축하고 있는 단어들도 있다. 중복이 되어도 좋으니 일단 생각나는 대로 적어보자. 생각해서 글로 적을 수 있고 말할 수 있는 감정 단어들이 많을수록 감정이 풍부한 사람이 되는 것이며, 자신의 감정에 좀 더 솔직해진다는 생각으로 접근해보자. 여기서는 생활 속에서 가장 많이 느끼는 감정을 연습하는 것이라서 희로애락(喜怒哀樂)이 아닌, 희로애애(喜怒哀愛)의 감정 단어들을 생각해서 적어보자.

희(喜, 기쁨)	: 미소, 함박웃음, 눈물, 행복, 즐거움, 만족, 재미, 신남, 들뜸, 흥미, 충족, 활기, 환희
로(怒, 노여움)	: 분노, 미움, 눈물, 시기, 질투, 짜증, 화, 폭발, 회한, 한탄, 탄식, 탄복, 역겨움, 광기, 혐오, 불쾌감, 폭발, 고성, 괴성
애(哀, 슬픔)	: 희생, 그리움, 상처, 아픔, 이별, 눈물, 부정, 괴로움, 상실, 서러움, 한탄
애(愛, 사랑)	: 그리움, 첫사랑, 질투, 결혼, 썸, 설렘, 키스, 달콤함, 감동, 기쁨, 간절함, 엄마, 존경, 호감, 애정

어느 정도 단어 찾기가 끝났다면 자신이 적은 단어의 의미를 곱씹으며 천천히 느낌을 가지고 소리 내어 말해보자. 여기서도 중요한 것은 생각훈련이다. 그 단어가 내 머릿속에 완전히 숙지된 뒤 호흡을 통해 입 밖으로 나올 때는 자연스레 그 단어가 갖는 감정이 실리게 되어있기 때문이다.

내 호흡의 모양도 그 단어를 따라 호흡 포물선의 누께, 크기, 길이, 뉘앙스가 바뀔 것이다. 또한 그 단어에 관한 나의 직접적인 경험이 생각날 수 있다. 이때는 그때 느낀 감정을 과감하게 꺼내어 그대로 표현한다. 절대 생겨나는 감정을 억압하거나 막지 말고 자유롭게 내 마음을 날아다니도록 해보자. 연습을 할 때 그저 소리 내어 말하기에 그치지 말고 그 단어가 주는 의미와 그 단어를 접했을 때 생기는 나만의 느낌을 아주 대범하고 솔직하게 소리 내어 표현해보자.

단어를 통한 감정 훈련에 한 걸음 더 들어가 보면 다음과 같다.

다음 쪽의 희로애애를 참고하세요.

■ 희(喜, 기쁨)에 대한 단어를 통한 감정 접근
미소, 함박웃음, 눈물, 행복, 즐거움, 만족, 재미, 신남, 들뜸, 흥미, 충족, 활기, 환희

우리는 기쁨의 감정을 내포하고 있는 많은 감정 단어들을 만나볼 수 있다. 이중 '미소'라는 단어가 주는 뉘앙스로 감정을 이끌어내어 말해보자. 우리는 미소를 언제 지을까? 너무 단순한 질문이다. 달콤한 초콜릿을 먹을 때, 사랑하는 이와 손을 잡고 산책할 때, 귀여운 강아지를 볼 때, 감동적인 장면을 목격할 때 등이다. 미소가 지어지는 하나의 상황을 머릿속에 그려본다. 그리고 동그라미 호흡을 이용하여 내 호흡에 '미소'라는 단어를 실어서 말해본다. 한번 말한 것으로 끝내지 말고 여러 번을 반복하여 '미소'라는 단어를 말한다. 실제로 미소가 지어질 만한 상황을 떠올리면 정말 미소가 생길 것이다. 그 미소를 머금은 채 '미소'라는 단어가 주는 느낌을 충분히 받아들이면서 아래의 글을 말해보자.

※ 미소라는 단어가 나올 때마다 그 느낌을 충분히 느끼고 말해보면 좋다.

"아까 나랑 밥 먹을 때 왜 그렇게 미소를 지은 거야? 김치찌개가 맛있었어? 에이… 난 또 나랑 밥 먹어서 기분 좋아서 미소를 짓나 했지. 난 말야 너랑 같이 밥 먹을 때가 가장 행복하거든. 나도 모르게 미소가 지어져. 네가 맛있게 잘 먹는 모습만 봐도 행복하거든. 봐봐 아까 네가 밥 먹는 모습을 상상했을 뿐인데 지금도 나 미소 짓고 있잖아~"

■ 로(怒, 노여움)에 대한 단어를 통한 감정 접근
분노, 미움, 눈물, 시기, 질투, 짜증, 화, 폭발, 회한, 한탄, 탄식, 탄복,
역겨움, 광기

희(기쁨)와 마찬가지로 노여움에 대한 한 가지 단어를 떠올려
보자. '화'라는 단어를 예로 보자. 우리는 하루에도 여러 번 화가
나는 상황과 마주친다. 자동차를 운전하다가 방향지시등을 켜지
않고 예의 없이 끼어드는 경우를 쉽게 경험할 수 있다. '화'를 불
러일으키는 상황을 떠올린 뒤 '화'라는 단어를 입 밖으로 뱉어보
자. "아! 화 나!"와 같은 감탄사를 붙이는 것도 도움이 될 것이다.
"화!" "화……" "화!!!!" "화~" 등 여러 가지 느낌으로 화를 동그
라미 호흡에 실어보자. 그리고 그 '화'가 주는 감정을 충분히 느
끼면서 다음을 말해보자.

※ 화라는 단어가 나올 때마다 그 느낌을 충분히 느끼고 대사를 해보자.

"아니 아까 있잖아, 내가 도산공원사거리에서 성수대교 쪽으로 좌회전 하
려고 기다리는데 차가 엄청 밀려있더라고. 신호 세 번 바뀌고 이제 네 번
째 신호에서 좌회전 하려는데 갑자기 어떤 차가 확 끼어드는 거야. 깜박
이도 안 키고! 아… 진짜 이건 뭐니? 진짜 화나더라고. 아니 지가 급하
면 깜박이라도 키고 양해를 구하고 끼어들던지. 급브레이크 밟아야 될 정
도로 위험했다니까! 아니 더 화나는 건 나도 늦었는데 또 신호 못 건넌 거
있지? 아 지금도 화가 나네… 아니 우리나라 사람들은 왜 운전을 그따위
로 하는 걸까? 아~짜증나."

■ 애(哀, 슬픔)에 대한 단어를 통한 감정 접근
   희생, 그리움, 상처, 아픔, 이별, 눈물, 부정, 괴로움, 상실, 서러움, 한탄

'상처'라는 단어를 떠올리며 슬픈 감정에 대해 접근해 보자. 상처는 물리적인 상처도 있지만 마음이 받는 감정적인 상처도 있다. 여기서는 감정을 공부하고 있으니 마음이 다치는 감정적인 상처를 예시문을 통해 훈련해 보도록 하자. 누구나 마음의 '상처' 하나 정도는 있다. 한번쯤 겪어봤을 이별에 대한 상처를 생각해 보자. 물론 그 '상처'를 떠올리는 것만으로 슬프지만 내 감정에 다가가고 표현하는 시간이니 집중해서 '상처'가 주는 느낌을 충분히 느끼면서 '상처'라는 단어를 동그라미 호흡에 실어 말해보자.

※ 상처라는 단어가 나올 때마다 그 느낌을 충분히 느끼고 대사를 해보자.

"그래, 알아. 이별이란 거 누구나 겪는 상처란 거. 하지만 지금은 너무 힘들다. 그냥 아무 말 말고 내 얘기만 좀 들어줘. 내 상처가 얼마나 컸으면 내가 안 먹던 술까지 먹고 이렇게 얘기하겠니. 제발 시간이 해결해준다는 말 따위는 하지 마. 그건 내가 받은 상처에 아무 도움이 안 돼. 적어도 내 상처가 아물기 전까지는… 알아. 시간이 지나면 내가 다른 사람 만나면서 이 상처를 잊게 될 거란 거. 하지만 그냥 오늘은 마시자. 아까 괜히 너한테 너무 짜증내서 미안해. 한잔 받아라. 그리고 내 상처에도 소주 한잔 주라."

■ 애(愛, 사랑)에 대한 단어를 통한 감정 접근
그리움, 첫사랑, 질투, 결혼, 썸, 설렘, 키스, 달콤함, 감동, 기쁨, 간절함, 엄마, 존경, 호감, 애정

사랑. 말만으로도 따뜻해지는 우리가 살아가는 근본적인 이유. 세상엔 수만 가지 사랑이 존재한다. 영롱하고 아름답고 위대하고 찬란한 사랑들……. 너무 광범위하고 딱히 한마디로 정의할 수 없는 사랑이지만 우리가 가장 위대하다고 칭하는 두 가지 사랑 '엄마'와 '결혼'이라는 단어로 사랑에 대한 감정에 접근해보자. 이 두 가지 단어는 많은 설명이 필요 없으리라 생각한다. '엄마'를 나지막하게 속삭여보자. 나의 말하기 호흡에 그 위대한 사랑을 지닌 존재 '엄마'를 실어보자. "엄마……." "엄마!" "엄마~" 우리가 태어나서 처음 말하는 바로 그 단어. 그 큰 존재. 사랑의 근원 엄마. 엄마가 주는 사랑에 대한 감정이 생긴다면 이제 동그라미 호흡으로 다음 글을 말해보자.

※ 엄마라는 단어가 나올 때마다 그 느낌을 충분히 느끼고 대사를 해보자.

"엄마, 나 혼자 살다보니까, 어떨 땐 엄마가 차려준 밥이 그렇게 먹고 싶은 거 있지? 특히 엄마표 된장찌개~ 왜 시골에서 할머니가 보내준 걸로 자글자글 오래 끓여서 만들어준 거 있잖아. 그게 엄청 먹고 싶어. 그러면 갑자기 또 엄마가 보고 싶어지고… 집 나오면 고생이란 말이 맞나봐. 그래도 나 엄마 호강시켜주려고 열심히 살고 있어. 걱정 마, 엄마. 진짜 보고 싶다 우리 엄마. 엄마 아프지 말고 항상 건강해야 돼. 주말에 꼭 보러갈게~"

마지막으로, 사랑하는 사람과 하나 되는 결혼이라는 단어로 사랑에 대한 감정을 표현해보자. 위에서 했던 방법대로 결혼이라는 단어가 주는 느낌에 흠뻑 빠져서 그 단어를 소리 내어 말해보자. 결혼을 안 한 사람이라면 결혼을 하는 상상을 해보고, 결혼을 한 사람이라면 결혼식 날의 벅찬 감정을 꺼내보도록 하자.

※ 결혼이라는 단어가 나올 때마다 그 느낌을 충분히 느끼고 대사를 해보자.

"야~ 나 너한테 할 말 있어. 놀라지마. 나… 결혼한다. 어 남자친구랑. 진짜야~ 아… 너한테 얘기하니까 눈물 난다. 나 너무 행복해. 결혼이라니. 힘들진 않았냐고? 힘들었지. 결혼이라는 게 쉬운 건 아니더라고. 준비할 것도 많고 혼수니 뭐니 싸운 적도 많았는데, 그래도 역시 사랑이 최고더라. 사랑하는 사람과 함께하니까 다 이겨내지더라. 웃기지? 너도 빨리 결혼준비 해봐야 말이 통하는데. 히히. 결혼식 날 꼭 와서 나 축하해줘야 돼. 알았지?"

4

내 몸을 통한
일상에서의 감정 훈련법

    감정을 표현하고 연기할 때도 지금까지 배운 말하기와 마찬가지로 동그라미 호흡으로 원을 그리며 말해야 한다. 하지만 단순히 낭독이나 말하기가 아닌 복잡한 감정을 표현할 때는 약간의 변칙이 생길 수 있다. 감정이 격해지면 호흡을 이성적으로 제어할 수 없기 때문이다. 오히려 감정이 이성을 지배하는 순간이 생기기도 한다. 나는 바로 이 부분을 역이용해 보라고 제안하고 싶다. 좀 더 구체적으로 설명하면 동그라미 호흡을 통해 복부를 사용한 중저음만이 아닌 복부부터 얼굴의 입 부분까지를 나눠서 감정에 따라 사용하는 부위를 달리 하는 것이다. 바로 소리의 시작점을 달리하여 각기 다른 감정을 표현하는 방식이다. 사람의 소리는 어디에서 시작되는 지에 따라 그 느낌도, 음색도 조금씩 다른 점을 이용해보는 것이다.

사람 신체에서 소리의 시작점은 크게 복부부터 머리까지 4부분으로 나눠 구분할 수 있다.

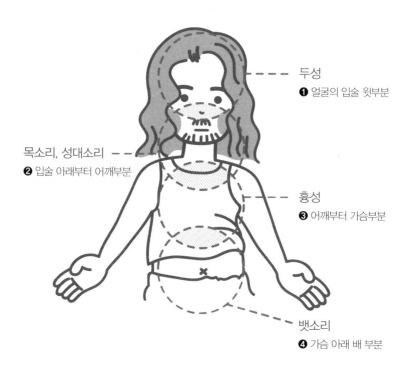

두성
❶ 얼굴의 입술 윗부분

목소리, 성대소리
❷ 입술 아래부터 어깨부분

흉성
❸ 어깨부터 가슴부분

뱃소리
❹ 가슴 아래 배 부분

말의 품격을 더하는 보이스 스타일링

이렇게 사람의 목소리 시작점은 앞서 상체 4개의 부위 중 하나가 된다. 이렇게 동그라니 호흡이라는 원 안에서 소리의 시작점을 1,2,3,4 중 그 감정에 맞는 부위를 설정하여 연기를 해보는 것이다. 소리는 감정을 표현하고 나타내주는 중요한 요소이기 때문이다.

예를 들어 희(기쁨)에 맞는 감정을 표현해보자. 사람이 기쁠 때는 기분도 감정도 한껏 들떠 있을 것이다. 실제로 사람을 관찰해보면 기쁜 사람은 소리 또한 떠있다. '떠있다'라는 말은 그야 말로 위로 올라와 있다는 뜻이다. 기쁨의 감정을 표현하고 싶다면 첫 번째 부위를 소리의 시작점으로 설정한다는 의미다. 동그라미 호흡을 하되 소리가 시작되는 지점을 첫 번째 부위로 해서 말해보는 것이다. 소리를 머리 쪽으로 한껏 끌어올려서 말해보자. 기쁨의 들뜬 소리가 나오는 것을 확인할 수 있다. 이때 중요한 것은 소리의 시작점만 1번 부위로 올리되 호흡은 올리지 말고 배로 호흡하는 동그라미 호흡을 유지하는 것이다. 물론 실제 소리는 사실 성대가 붙었다 떨어지면서 난다. 하지만 우리의 몸은 모든 부위가 울림통이기 때문에 소리의 시작점을 올린다고 생각한다면 충분히 얼굴 위쪽을 사용한 경쾌하고 밝은 소리를 낼 수 있다.

희로애애(喜怒哀愛)의 감정을 이와 같은 방법으로 소리의 시작점을 옮겨가면서 표현하면 된다. 하나의 감정을 표현하는 것에 있어 꼭 한 부위만을 사용하는 것은 아니다. 감정의 크기나 종류에 따라 여러 부위를 충분히 바꿔가며 사용할 수 있다. 말한 대로 희(기쁨)는 첫 번째, 세 번째 부위를 소리의 시작점으로, 그리고 로(노여움)는 첫 번째, 두 번째, 네 번째 부위를 소리의 시작점으로, 애(슬픔)와 애(사랑)는 주로 세 번째 부위를 소리의 시작점으로 사용해보자. 감정에는 특별한 매뉴얼이나 규칙이 없다. 대사 중간 중간 아무 때나 자신의 감정 변화에 따라 소리의 시작점을 느낌이 가는대로 바꿔가며 연습해보도록 하자.

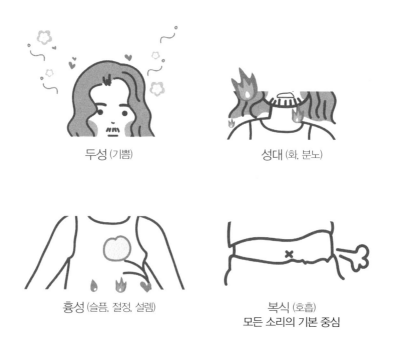

두성 (기쁨)

성대 (화, 분노)

흉성 (슬픔, 절정, 설렘)

복식 (호흡)
모든 소리의 기본 중심

소리의 시작점을 바꿔가며 아래의 문장들을 연기해보자.

❶ 기쁨

(기쁨으로 벅차서) "여보, 고마워! 이렇게 거창한 생일파티도 다 해주고… 아 정말 기분 좋다! 호호호~ 자, 그럼 우리 여보야 선물… 뭔지 볼까? (장난으로) 두구두구두구~ 왼 머리핀이잖아? 이거 내가 정말 갖고 싶었는데… 이 남자 센스 보소! 호호호~ (진심으로) 여보, 정말 고마워! 자기 생일도 기대해!"

❷ 노여움

"(버럭) 에잇! 양아치 같은 자식! 지가 내 돈을 떼먹어? 그게 어떤 돈인데… 피땀 흘려가며 한 푼 두 푼 모은 전 재산인데… (분개) 돈 꿀 땐 그렇게 알랑거리더니 이제 와서 안면몰수야? 에잇 치사한 놈! 어디 잘사나 두고 보자! 에잇, 나쁜 놈!"

❹ 슬픔

"니가 생각하는 사랑이라는 건 그런 거니? 난 도저히 이해를 할 수가 없어. 넌 지금 니 얘기만 하고 있잖아. 한번이라도 내 입장에 생각해주면 안되겠니? 그게 그렇게 힘든 거야? 우리 사랑하는 사이잖아. 그 정도는 해줄 수 있잖아. 내가 지금 내가 잘했다고 이러는 거 아냐. 나도 물론 잘못했지……. 하지만 아무리 그래도, 내가 울면…… 그냥 안아주면 안돼? 그러면 난 다 풀릴 것 같은데. 그냥 미안하다고 한마디 하면서 안아주면 나 금세 풀린다고 이 바보야. 사랑하는 사이는 그냥 그런 거라고……."

❺ 사랑

"그대를 만나고 나는 비로소 행복이라는 것을 알게 되었어요. 그대를 떠올리며 나는 미소 짓고 있네요. 예쁜 길을 걸을 때면 '아, 이 길을 함께 걷고 싶다'라고 생각해요. 맛있는 음식을 먹을 때도 '아, 이 음식을 함께 먹으면 얼마나 좋을까' 라고 생각하구요. 혼자 집에 있을 때도 내 방안은 온통 그대로 가득차 있어요. 사랑이 뭐냐는 질문에 누군가가 사랑은 유치찬란한 거라고 얘기 했던 게 생각나네요. 나는 지금 정말 유치찬란할 정도로 그대를 사랑하고 있거든요. 그대와 함께 있으면 사탕을 손에 쥔 어린아이처럼 마냥 즐겁고 행복해요. 그대와 헤어지면 사탕을 떨어뜨린 아이처럼 금세 우울해지곤 하구요. 그대도 나와 같다면 얼마나 좋을까요?"

위의 내용과는 별도로, 신체를 이용한 감정훈련의 비밀병기가 있다. 바로 눈물을 통해 감정을 끌어내는 방법이다. 물론 감정이 풍부하여 어떤 슬픈 상황을 떠올리기만 해도 눈물이 나온다면 다행이지만, 늘 그렇게 하긴 힘들고 사람에 따라서는 누구나 감정이 풍부한 것은 아니니까. 조금은 억지스럽고 유치하다고 할 수 있지만, 사람의 몸과 마음은 따로 놀지 않는다. 신체의 변화는 감정의 변화를 이끌기도 하는 법이다. 눈물이 흐르면 조금은 슬픔에 접근하는 것이 쉬워지니 눈물을 활용해보는 것이다.

1분 동안 눈을 감지 말고 버텨보자. 안구가 건조해지면서 이를 막기 위해 자연히 눈물이 난다. 일단 눈물이 나기 시작하면 몸은 '내 주인이 어떠한 갈등 상황에 놓여 있거나 급격한 감정의 변화가 있는 것인가?' 하고 착각을 하게 된다. 눈물이 고이거나 나오면 몸도 마음도 열리는 것이다. 이때 내 감정을 표현해보자. 내가 표현해보고 싶은 감정을 동그라미 호흡을 통해 소리 내어 말해보자. 슬픔뿐 아니라 분노, 사랑 등 어떠한 감정도 상관없다.

눈물이란 것은 모든 감정이 극에 달하면 자연스레 동반될 수 있기 때문에 어떠한 감정에도 다 잘 어울리는 극적인 효과를 줄 수 있기 때문이다. 또한 감정에도 관성이란 게 작용하기 때문에 짧지만 일정 시간 동안은 그 감정이 유지된다. 위의 방법을 통해 어느 정도 눈물의 도움을 받았다면 이제 감정대본을 끝까지 집중

력 있게 표현해 보자. 어떤가, 꽤 그럴싸한 눈물연기의 주인공이
되었는가?

말에 감정을 실으면
누구나 당신 편이 된다.

5 상상을 통한
일상에서의 감정 훈련법

　보이스 스타일링의 감정 훈련법 세 번째 방법은 누구나 가지고 있는 상상력을 통해서 자신의 감정에 접근하는 것이다. 우리는 감정을 표현할 수 있는 충분한 상상력을 이미 가지고 있다.

　사춘기 시절, 대부분은 좋아하던 이성을 상상하며 웃어본 적이 있지 않은가? 상상은 쉽고 간단하며 재미있다. 또한 훈련을 통하여 얼마든지 확장될 수 있다. 희로애애에 관련된 수많은 상상을 해보고 그 감정에 대한 느낌이 들거나 몸의 반응이 생기면 동그라미 호흡을 통해 그 감정을 충분히 표현해 보자.

희(기쁨) : 가장 좋아하는 음식. 가장 행복했던 여행. 가장 사랑하는 사람. 가장 좋아하는 음악. 가장 좋아하는 옷. 가장 좋아하는 꽃향기 등

로(노여움) : 가장 싫어하는 음식. 가장 싫어하는 사람. 가장 하기 싫은 일 등

애(슬픔) : 가장 슬프다고 생각하는 음악. 가장 슬펐던 때 등

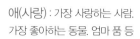

애(사랑) : 가장 사랑하는 사람. 가장 좋아하는 동물. 엄마 품 등

예를 들어, 기쁨은 가장 좋아하는 음식, 가장 행복했던 여행, 가장 사랑하는 사람, 가장 좋아하는 음악, 가장 좋아하는 옷, 가장 좋아하는 꽃향기 중에서 먼저 좋아하는 음식을 먹었을 때를 상상하며 내 몸의 변화를 느껴보자. 침이 고이고 피가 빠르게 돌면서 기분은 한껏 좋아지고 엔도르핀(endorphin)이 솟아나는 것이 느껴지지 않는가?

혹은 가장 행복했던 여행을 떠올려보자. 여행을 계획하고 티켓을 예매하고 짐을 싸고, 여행을 준비하는 모든 일들이 행복의 연속일 것이다. 그리고 여행을 갔을 때 느꼈던 행복함, 사진처럼 기억되는 장소와 사람들, 그때 느꼈던 감동 그리고 맛있는 음식. 밤하늘의 별들과 돌아올 때의 그 아쉬움 등등 그 여행으로 행복했던 나의 추억이 새록새록 떠오를 것이다.

노여움은 가장 싫어하는 사람, 칠판 긁는 소리, 하기 싫은 일 등을 떠올려 보자. 예를 들어, 친구가 홍어를 세상에서 제일 달콤한 음식이라고 소개한 상황이라고 하자. 눈을 감은 상태로 친구가 초콜릿이라고 준 것을 한입에 넣었는데 알고 보니 홍어였던 것이다. 이때 홍어를 처음 접하는 사람들은 그 톡 쏘고 시큼한 맛에 적지 않게 화가 날 수도 있다. 그때 생기는 몸의 변화, 혹은 격하게 느껴지는 감정 혹은 놀라움 등을 상상해 보는 것이다. 미간에 주름이 생기고 호흡이 한껏 격양되며 화가 날 것이다.

슬픔은 가장 슬펐던 영화, 가장 슬프다고 생각하는 음악, 가장 슬펐던 때 등을 생각해보자. 일단 귀를 즐겁게 해주고 우리의 감정을 들었다 났다 하는 음악을 예로 들어보자. 음악은 상상을 극대화시켜주며 좋은 음악은 우리를 행복하게 해준다. 아마 음악을 싫어하는 사람은 많지 않을 것이다. 듣기 좋은 멜로디나 신나는 비트의 음악, 감미롭고 애잔한 보컬, 클래식, 재즈, 팝, 힙합, 록 등 수많은 음악장르 어느 것이라도 좋다. 지금 우리가 훈련하고 있는 보이스 스타일링도 한마디로 듣기 좋은 음악처럼, 듣기 좋은 나만의 목소리를 찾아가는 여정이니 감정훈련으로서 음악은 좋은 선생님인 셈이다.

여기서는 나를 가장 슬프게 하는 음악을 떠올리면서 슬픔이란 감정을 꺼내보도록 한다. 잠시 눈을 감고 자신의 마음을 울린 음악 하나를 생각해보자. 그리고 그 멜로디나 마치 내 얘기를 써놓은 것 같은 그 가사를 떠올려 보자. 내가 그 노래의 주인공 혹은 가수, 작사 작곡가 또는 연주자가 되었다는 상상을 해보는 것도 좋다. 귀에 음악이 울려 퍼지고 마음은 먹먹히 아려오며 슬픈 감정이 샘솟게 될 것이다. 실제로 많은 배우들은 촬영에 들어가기 전에 음악을 들으며 감정을 잡고 마인드 컨트롤을 하는 경우가 많다. 이와 같은 방법으로 좋아하는 음악, 신나는 음악 등으로 다른 감정에 접근하는 것도 가능하니 마음껏 훈련해보자.

사랑은 가장 사랑하는 사람, 가장 좋아하는 동물, 엄마 품, 사랑에 관한 영화, 시 등 정말 무궁무진한 감정의 세계다. 여기에서는 가장 포근한 사랑을 주었던 엄마 품을 예로 들어보자. 엄마 품에 안겨 곤히 자던 기억. 그 따뜻한 심장박동과 엄마의 손길 숨결 등. 엄마 품 안에서 나는 한없이 작은 아이였으며 세상 두려울 것 없었다. 눈을 감고 지금 바로 엄마와 함께 호흡해보자. 엄마의 호흡은 나에게로 오고 그 호흡은 나의 심장을 거쳐 다시 엄마에게로 통한다. 편안함과 안정감이 느껴지며 엄마의 내리사랑이 가슴 속에 짠하게 다가오는가? 엄마 품에 대한 오감이 나에게로 다가와 나를 적시고 내 마음을 움직이는 느낌이 든다면 그 감정을 나의 동그라미 호흡에 실어 표현해보자. 실제로 전해오는 가슴의 떨림과 심장박동을 느껴라. 그것이 포인트다.

반대의 경우도 상상해 볼 수 있을 것 같다. 세상에서 자기 자식을 품에 안을 때보다 행복한 순간은 아마 없을 것이다. 자식을 낳아봐야 부모님의 마음을 안다고 하지 않는가? 부모자식간의 사랑은 아무런 조건 없는 위대한 사랑이다. 부모가 자식을 생각했을 때 떠올려지는 사랑. 그 사랑을 상상해보고 감정이 생긴다면 성공한 것이다.

자, 위에서처럼 감정을 이끌어 낼 수 있는 것들을 상상한 뒤 몸의 변화, 얼굴 표정, 감정의 변화가 생겼다면 주저 없이 아래의 글을 동그라미 호흡을 통해 맘껏 소리 내어 표현해보자.

❶ 기쁨

"와~ 바다다 바다! 속이 다 시원하네. 음…… 이 바다냄새, 파도소리…… 갈매까지. 진짜 완벽하네~ 자기랑 같이 있으니깐 더 완벽한대? 저기 봐봐 저기 작은 섬 보여? 작은 등대도 있네? 우와…… 진짜 멋있다. 여기서 자기랑 둘이 살면 진짜 좋겠다. 그치?

❷ 노여움

"앳! 크으으. 아이 씨. 이거 뭐야삐! 야 이 새끼야삐! 아이 씨. 아, 휴지, 휴지. 퉤삐! 야 이새끼야 홍어 맛있다며? 이 또라이 새끼! 야 장난하냐? 아…… 아줌마 여기 콜라 한병 주세요! 아…… 술맛 다 버렸잖아 이 새끼야!
뭐가 맛있어? 이게 두세 번 먹는다고 익숙해지는 맛이냐? 아…… 이걸 그냥…… 아 진짜 죽는 줄 알았네. 너 이 새끼 한번만 더 먹으라고 하면 진짜 죽는대! 나 진심으로 너 때릴지도 몰래 크…… 미치겠네 이거 진짜……"

❸ 슬픔

"삐삐야……. 우리 귀여운 삐삐. 안녕. 그동안 나와 함께 해줘서 너무 너무 고마웠어. 언제나 나를 기다려주고 반겨주고 외로울 때도 많았을 텐데. 못난 가족 만나서 고생 많았네. 하늘나라에선 더 좋은 가족 만나서 행복하길 바라. 그냥 이렇게 널 떠나보내려니까 잘 못 해준 기억만 나네. 산책도 더 많이 못 시켜줘서 미안하고, 더 오랜 시간 같이 놀아주지 못해 미안하고, 간식 더 많이 못줘서 미안하고, 기다리게 해서 미안하고……. 그래도 난 니가 함께해줘서 얼마나 행복했는지 몰라. 삐삐야. 정말 고맙고 미안해. 그리고 사랑해. 안녕 잘가. 우리 이 다음에 꼭 다시 만나자."

❹ 사랑

"엄마~ 나왔어~ 엄마 자? 어머 엄마. 무슨 이불을 이렇게 다 차버리고 잔데? 감기 걸리면 어쩌려고 나 참. 하여간 우리 엄마 잠버릇 알아줘야 돼. 엄마. 에고…… 우리 엄마 이렇게 보니까 많이 늙었네. 근데도 아직 이뻐. 나 엄마가 잔소리하는 거 듣기 싫어 하지만 사실 엄마가 하는 얘기 뭔지 다 알아. 그냥 귀찮고 속상하고 답답해서 큰소리 치고 피하는 거야. 미안해. 사실 그러면 안 되는 건데. 엄마 상처 받을 텐데…… 근데 엄마는 속상한 거 아무 내색도 안하고 말야. 바보 같은 우리 엄마. 엄마 건강하게 오래 살아. 내가 그동안 받은 사랑 두 배 세 배로 다 돌려줄 테니까. 알았죠? 사랑해 엄마. 잘 자요~"

은경아~ 엄마 왔다~ 우리 은경이 자니? 어머 얘 좀 봐. 이불을 이렇게 다 차버리고 잠들었네. 감기 걸리면 어쩌려고 나 참. 하여간 잠버릇까지 나를 똑 닮았네. 은경아. 엄마는 우리 은경이가 엄마 딸로 태어나 줘서 얼마나 고마운지 몰라. 아직은 니가 어려서 엄마가 무슨 말 하는지 잘 모르겠지만 나중에는 다 알 수 있을거야. 우리 은경이 품에 안고 젖먹이고 재우던 때가 엊그제 같은데…… 그 고사리 같은 손으로 젖 더 달라고 떼쓰고 말야. 근데 이제 보니까 벌써 이렇게 많이 컸네. 우리 은경이. 건강하게 자라줘서 고마워 우리 딸. 엄마가 많이 사랑해. 잘 자, 우리 딸~"

상상의 날개를 펼치라는 말이 있다. 인간은 상상의 동물이기도 하다. 상상은 인류의 삶을 풍요롭고 윤택하고 편리하게 해주었다. 감정 또한 상상의 도움으로 풍부해지고 윤택해 질 수 있다. 상상에는 끝이 없다. 그리고 무엇보다 상상은 나의 생각의 크기를 넓혀주고 나를 더욱 자유롭게 만들어 준다. 앞에서 언급했던 생각훈련도 어찌 보면 상상훈련이라는 범주에 속할 수도 있는 것이다. '만약에 내가 그 상황이라면, 그게 나라면'이라는 상상은 나를 전혀 다른 사람으로 만들어 줄 수 있다. 보이스 스타일링을 통한 나만의 보이스 캐릭터 창출은 어찌 보면 내가 원하고 상상하는 나의 모습을 찾는 과정이 아닐까 한다. 엉뚱한 상상이건 슬픈 상상이건 기쁜 상상이건 내 머리가 원하는 대로 상상해보고 마음이 느끼는 대로 표현해보는 것. 그 과정 속에 이미 나는 나에게 솔직해져 가고 있을 것이다.

6 간접 경험을 통한 일상에서의 감정 훈련법

　좋은 영화나 책을 많이 보고 난 뒤에는 서너 줄이라도 좋으니 꼭 감상문을 써 보거나 맘에 드는 대사를 메모해 놓고 훈련하는 것도 감정훈련의 좋은 방법 중 하나이다. 세상에는 좋은 간접경험을 선사해주는 너무나 많은 책, 영화, 드라마, 다큐멘터리 등이 있으니까. 그 주인공이 겪었을 기쁨이나 슬픔, 분노, 사랑 등 더 많은 감정들에 공감이 되었다면, 만일 자신이 그 상황이었다면 어떠할지 상상하며 그 감정에 충분히 빠져 공감해보고 같이 울고 웃어보자.

　좋아하는 영화나 드라마에 나오는 인물들을 찬찬히 뜯어보고 한번 그대로 따라 해보는 것도 좋은 방법이다. 간단하다. 비운의 주인공이 눈물을 흘리며 이별을 말하는 상황에서 당신이 눈물이 났다면 그저 눈물을 흘리는 것에 그치지 말고 눈물이 날 때 소리 내어 그 배우를 따라서 대사를 해보거나 감정을 표현해보는 것이다. 여기서도 중요한 것은 호흡이다. 배우가 어떻게 호흡을 하는지 눈여겨보길 바란다. 모방은 창조의 어머니라 했다. 그 배우의 호흡을 따라하다 보면 어느새 그 배우의 호흡이 나에게 맞게 자연스레 바뀌어 있는 것을 느낄 수 있다. 단순히 상상하는 것과 직접 표현해보는 것은 천지차이니 처음엔 좀 쑥스럽더라도 그 배우를 따라 호흡하면서 꼭 소리 내어 따라 해 볼 것을 권한다.

다음의 대사들은 모두 영화나 드라마의 대사들이다. 배우의 상황과 감정을 생각하고 상상하며 동그라미 호흡을 통해 감정을 표현해 보자. 그것이 힘들다면 일단 배우를 무작정 따라 해보는 것도 좋은 훈련이 될 수 있다.

❶ 야~~ 무슨, 뭐가 내 안에 들어왔나봐~ 나도 오늘 내가 이렇게 잘 맞는 거 너무 신기해 ~ (패를 던지며) 내가 이걸 던졌는데 (화투를 뒤집고 안 보여주며) 여기서 고도리까지 하면 나 오늘 정말 신기 있는 거야! (뒤집은 화투를 던지며) 어머!! 어떡해!!!! 어떡해 어떡해 ~~~ (사람들을 약 올리듯) 어떡해~~~ 어떡해~~~ 으흐흐흐

– 드라마 '별에서 온 그대' 중 천송이

❷ 이런 부당한 발령, 전 납득할 수 없습니다. 그것도 외식사업부라고요? 차라리 절 해고하시죠! 제 사표를 원하시면 그렇게 해드리겠습니다! (사표 척 내려놓으며) 부하직원 아이디어 갈취하고 책임 전가까지 밥 먹듯 하는 천 부장 같은 인간한테 휘둘리는 이런 눈먼 회사에 더 이상 미련도 없습니다! 입사 5년 동안 분골쇄신한 결과가 겨우 이거라니, 오늘 일에 대해선 소송을 걸어서라도 꼭 보답해드리죠! (나난, 혼자 소파에 앉아 허공에 대고 연습하는 중이다. 종이 보고 체크하며) 빠진 거 없나? 소송은 너무 심한가? 아냐. 아냐. (발음 연습) 분. 골. 쇄. 신. 쇄신. 흠흠. (가슴 진정시키며) 나난, 흥분하지 말자. 응?

– 영화 '싱글즈' 중 나난

❸ (나지막이) 숨이 막혀요. 혼자가 될까 두려워요. 보고 싶은데 어디 있는지 찾질 못하겠어요. 조금 더 지나면 정말 날 몰라볼 텐데……. 그전에 할 말이 있는데. 그 말을 듣고 싶어 할 텐데. 그 말을 하면 수진이가 떠날까봐 그렇게 많이 들으면서 저는 단 한 번도 그 말을 해주질 못했어요. 이기적인 자식…… 꼭 말해 줘야 되는데…… (눈물을 흘리기 시작한다) 진짜…… 사랑하는데…….

– 영화 '내 머리 속의 지우개' 중 철수

❹ (소에게 중얼거린다) 고맙다 목장아. 역시 나한텐 너밖에 없어. 근데 은하 씨 말이야. 내가 태어나서 그렇게 예쁜 여자는 첨 봤어. 에밀린가는 쨉도 안 돼. 마음씨도 착하고, 냄새도 좋고, 이름도 이쁘지 않아? 은~해! 몸매는 (헤벌쭉) 은하 씨가 날 보고 딱 웃으면 (가슴에 손을 얹고) 여기가 멈춰버리는 것 같아. 숨도 못 쉬겠어. 그리고 이건 확실한 건데…… 내 느낌에 은하 씨도 쪼끔 날 좋아하는 것 같아.

– 영화 '너는 내 운명' 중 석중

❶은 사람들과 화투를 치는데 기가 막히게 맞는 상황이다. 아무리 재미삼아 치는 거지만 쳐본 사람은 알 것이다. 잘 맞을 때 얼마나 재밌는지. 사람들을 놀리는 것조차 너무 즐겁다. 자기의 경험에서 이런 상황이 있었다면 그때의 경험을 토대로 감정을 끌어내어 대사를 말해보자. 만약에 그런 경험이 없다면 혹은 경험과 상상에서 감정을 끌어오기가 힘들다면, 배우가 연기하는 장면을 보며 그 배우의 호흡을 느껴보자. 그리고 그 상황을 이해하고 감정이 느껴진다면 그 배우를 따라서 기쁨의 감정을 표현해보자.

❷는 누구나 한번쯤은 당해 봤을 법한 억울한 상황을 연기하는 장면이다. 그만큼 더 몰입해야만 더 큰 억울함을 표현할 수 있을 것이다. 어차피 실제 상황이라면 더 큰 분노의 감정이 생길 테지만, 분노의 상황을 연습하는 상황이니 보다 마음껏 상상의 날개를 펼쳐서 더더욱 큰 감정으로 연기해보자. 잘 다니던 회사. 내가 뼈를 묻는 심정으로 일했던 회사가 나를 배신한다? 만약에 내가 이 상황에 놓인다면? 상상을 한 뒤 연기해보고 그다음은 실제로 영화에서는 배우가 어떻게 했는지 보면서 따라해 보는 것도 많은 도움이 될 것이다.

❸에서는 사랑하는 사람이 기억을 잃어가고 있다. 남자는 그 여자에게 제대로 사랑한다는 표현도 못했고 그런 자신이 이기적이라 말한다. 그리고 사랑하는 여자를 생각하니 마음이 미어진

다. 그리고 미안하다. 그러한 감정이 묻어나는 대사이다. 평상시 사랑하는 사람에게 표현을 제대로 못했는데 갑자기 그 사람이 아프거나 멀리 떠나게 되는 상황에 놓여있다고 상상해보자. 그 쉬운 사랑한다는 말조차 하지 못했던 자신이 원망스럽거나 밉지 않을까? 자신이 그런 상황에 처해있다는 상상만으로 슬프겠지만 그렇게 생긴 감정을 피하지 말고 이 대사를 말해보자. 눈물이 난다면 흘리면 그만이다. 감정이 쉽게 생기지 않는다면 영화를 보며 배우의 연기를 따라 해보자.

❹는 남자주인공이 여자주인공을 짝사랑하게 된 상황에서 이러한 독백을 한다. 상상해보라. 누구나 짝사랑에 대한 에피소드는 있지 않은가? 짝사랑하는 사람을 상상 하는 것만으로 심장이 터질 듯 뛰고 입가엔 미소가 번졌을 것이다. 그때의 설렘을 생각해보고 조심스럽게 감정을 꺼내어보자. 그리고 내 호흡으로 이 독백을 소리 내어 말해본다. 만약 옛 감정을 꺼내기 힘들다면 이 영화를 보며 남자가 소에게 말을 하는 장면을 찾아 그 상황에 함께 공감해보자. 그리고 몰입이 되었다면 남자주인공을 따라 해보자.

말에 감정을 실으면
누구나 당신 편이 된다.

7 자연의 변화를 통한
일상에서의 감정 훈련법

　사람은 자연의 일부분이며 자연의 변화에 따라 감정이 변하
고 흔들리고 끌리게 마련이다. 계절의 변화에 맞는 감정을 떠올
리자. 자신이 좋아하는 계절을 기쁨이라는 감정에 연관시켜 보는
것이다. 자신이 좋아하는 계절에는 좋아하는 취미생활도 할 수
있고 맛있는 계절음식도 맘껏 먹을 수 있다. 그 계절에 떠 있는
태양, 살랑거리는 바람, 함께 걷는 사랑하는 사람, 모든 것이 자신
에겐 기쁨의 연속이 아닐까? 반대로 자신이 정말 싫어하는 계절
은 싫은 감정에 연관시켜본다. 싫어하는 계절에는 집 밖으로 나
가는 것조차 짜증이 밀려온다. 이처럼 계절은 우리의 감정을 좌

우한다.

혹은, 현재 지금 자신이 살고 있는 계절의 여러 가지 상황에 놓인 자신을 상상해보며 자신의 감정선을 바꿔보는 것도 좋은 방법이다. 예를 들어 지금 이 글을 읽는 때가 여름이라면 뜨거운 태양 아래서 땀을 뻘뻘 흘리며 온몸이 땀으로 다 젖은 찝찝함을 가득 안고 높은 산을 오르고 있는 나의 상황을 노여움에 대입시켜 보는 것이다. 그러다가 시원한 폭포에 도착해 얼음장 같은 물에 발을 담그고 얼음 동동 띄운 냉수를 들이킨다면 시원함으로 일순간에 행복함이 밀려올 것이다. 이때의 상황을 기쁨에 대입시켜 보는 것이다. 감정은 실제로 내가 처한 상황에 따라 시시각각 변화한다. 매번 바뀌는 감정을 그때마다 모두 캐치하여 기억하긴 힘들지만, 지금 이 계절을 떠올리며 생기는 자연스런 감정들을 기억하고 꺼내서 표현해 본다면 훨씬 실생활에 가까운 감정을 표현하는 데 도움이 될 것이다.

또 다른 예로 노여움이란 감정을 계절과 장소로 상상해 보자. 추운 겨울날 밖에서 친구를 만나기로 했다. 그런데 그날따라 매서운 한파가 닥치고 바람까지 분다. 근데 하필이면 그날따라 너무나 얇게 입고 나온 거다. 약속시간이 한참 지났는데 친구는 오지 않았다. 전화를 해도 안 받는다. 전화를 들고 있는 손조차 동상에 걸릴 정도로 춥다. 매서운 찬바람이 옷 사이로 파고들고 엎

친 데 덮친 격으로 지나가던 차가 물을 튀기고 가서 바지와 신발이 다 젖었다. 있는 대로 짜증이 밀려올 때쯤, 마침 친구가 왔다. 과연 이 상황에서 친구에게 미소를 지을 수 있을까?

슬픔은 늦가을로 상상해 보자. 한적한 길을 걷고 있다. 낙엽은 제 생명을 다하고 떨어져 바닥에 흩어져 바람에 떠다니고 쌀쌀한 가을바람이 코끝을 스친다. 어스름히 해는 기울어 붉다 못해 차가운 느낌마저 주는 늦은 오후 잠시 멈춰 서서 회상에 잠겨본다. 사실 이 길은 헤어진 그 사람과 자주 걷던 길이다. 항상 이 길을 지나쳐 집을 바래다주곤 했다. 오늘은 혼자인 나와 이 가을, 떨어진 낙엽, 지는 해, 바람까지 모두 하나 되어 시리도록 차갑게 나의 가슴을 뒤흔든다.

이제는 사랑을 봄이라는 계절과 상황으로 상상해 보자. 온통 차갑게 얼어있던 대지를 녹이는 계절의 여왕 봄이 왔다. 그리고 봄이 무르익으면서 진달래 개나리 등등 형형색색의 꽃들이 거리를 물들이고 향긋한 꽃냄새가 코끝을 자극한다. 그런 봄날 4월의 어느 날 이제 막 사귀기 시작한 사람과 벚꽃 구경을 왔다. 상상만 해도 행복하지 않은가?

계절은 사람미다 다른 모습으로 다른 감정을 가지고 다가올 것이다. 자신이 좋아하는 계절과 그 계절이 주는 많은 축복들, 느낌들을 떠올려서 감정을 끌어내보자. 그 계절에 있었던 추억들을 구체적으로 떠올려 보면 더 좋을 것이다. 그리고 그러한 추억들은 몸이 기억하고 있을 것이다. 몸에서 만들어내는 자연스런 호흡을 느끼며 그 호흡을 나만의 동그라미 호흡으로 민들어보자. 그리고 그 동그라미 호흡에 내 감정을 실어보자.

여름 : 기쁨
"아~ 정말 좋다. 진짜 내가 이번 여름휴가를 얼마나 기다린 줄 알아? 음~ 해운대…… 이상하게 이번 여름은 해운대가 나를 부른다 했더니만 바로 오늘 여기서 나한테 인사를 하려고 그랬나보네! 그래~ 반갑다 바다야! 오늘은 진짜 내가 너를 온 몸으로 맞이해 줄게. 자~ 간다~"

겨울 : 노여움
"으, 장난 아니네. 진짜 춥다. 아, 좀 두껍게 입고 나올걸. 왜 갑자기 추워지고 난리야. 아 차게! 뭐야 이게! 진짜 짜증나네. 아, 오늘 무슨 날이야? 근데 이 자식은 왜 이렇게 안 와! (친구 다가온다) 아, 진짜 뭐야. 너 왜 이렇게 늦었어? 야 가만히 서서 기다리는 게 얼마나 추운지 알아? 미리 연락을 했으면 어디 들어가서 기다렸지! 어떤 미친놈이 물까지 뿌리고 갔다고!"

가을 : 슬픔
'너와 함께 걷던 이 길 위에 혼자 서 있는 나를 발견했어. 왜 이렇게 낯설고 어색하기만 한지……. 매일 걷는 이 길이 이토록 쓸쓸하게 느껴지는 이유는 니가 없는 까닭이겠지? 나는 왜 이렇게 바보 같았을까? 함께 있을 때는 소중함을 몰랐어. 그리고 언제나 주기보단 받기만을 바라던 이기적인 사람이었던 것 같아. 그런 나를 너는 그저 아무 말 없이 나를 안아주고 웃어주곤 했는데. 나를 바래다주던 이 길 위에서 넌 내게 첫 키스를 해주었었는데. 그때도 이렇게 낙엽이 흩날리던 늦은 가을의 오후였는데. 다시 널 만나고 싶다는 욕심은 없어. 그저 오늘은 아주 잠깐이라도 단 한번이라도…… 너의 뒷모습만이라도 보고 싶네.'

봄 : 사랑
"우왜! 저기 봐! 진짜 꽃이 눈처럼 폈네~ 이래서 사람들이 벚꽃 구경을 가는 구 나. 진짜 예쁘네. 너무 좋다. 오길 잘했다 그치? 우리 저기 저 나무아래 잠깐 앉을까? 아이고~ 좋구만

~ 바람도 선선하고 꽃잎도 예쁘게 휘날리고, 꼭 누구 머리카락 같네~ 어? 이건 뭐야? 김
밥! 우와 내 사랑 도시락까지 싸온 거야? 와. 감동이야. 이거 진짜 맛있겠다. 우리 이거 먹기
전에 사진 먼저 찍자. 벚꽃나무 아래 내 사랑이 싸온 도시락을 까먹으며~ 이거 그냥 인생
샷이네! 아 좋다~"

또 다른 방법은 자연에 존재하는 여러 사물에 자신의 감정을
자연스럽게 대입해 보는 것이다. 나무를 예로 들어보자. 싹이 나
고 자라서 잎과 열매를 맺고 떨어뜨리고 시들어가는 과정이 나무
의 생이다. 이것은 인간의 삶과 너무나 유사하다. 나무는 흙에서
나서 흙으로 돌아간다. 인간 또한 흙에서 나와 흙으로 돌아가는
것이 자연의 섭리다. 어렵게 생각할 필요 없이, 내 자신이 곧 나
무라는 상상을 해보면 많은 감정을 한 번에 느낄 수 있을 것이다.
나고 자라고 열매 맺고 다시 자연으로 돌아가는 나무의 삶을 짧
게 압축하면 내 감정이 순간순간 변화되는 것을 느낄 수 있다.

여기서는 시를 통해 나무의 인생을 사람의 인생이라고 비유하
면서 나무의 변화를 인생의 변화에 대입시켜 상상해 보자. 그리
고 그 긴 나무의 인생을 함축적으로 상상하여 생로병사 앞에 놓
인 인간의 삶과 동일하게 생각해 보자.

나무의 생과 인간의 삶이 주는 변화의 생을 감정의 변화로 빠
르게 대입시켜 말하기 호흡에 실어보되 시낭송 훈련에서 연습했
던 동그라미 호흡을 잊지 말고 연습해보자.

나도 한때는 자작나무를 타던 소년이었습니다.
그래서 그 시절을 꿈꿀 때가 있습니다.
이런 저런 일로 지칠 때나
인생이 정말 길 없는 숲 같아서
거미줄에 걸려 얼굴이 화끈화끈 간질거릴 때
그리고 작은 나뭇가지가 눈을 때려 한쪽 눈에서 눈물이 날 때면
나는 잠시 세상을 떠났다가
다시 돌아와 새로운 시작을 하고 싶어집니다.
그렇다고 운명의 신이 나를 멋대로 오해해서
내 소원의 절반만 들어주고
나를 아주 데려가 다시는 돌아오지 못하게 하지 않기를 바랍니다.

세상은 사랑하기에 좋은 곳입니다.
나는 이 세상보다 더 좋은 곳을 알지 못합니다.
나는 자작나무를 타듯 살아가고 싶습니다.
눈처럼 하얀 줄기를 타고 검은 가지에 올라
하늘을 향해 오르다보면
나무가 더는 못 견디고 가지 끝을 수그려서
다시 나를 내려놓겠지만
가보는 것도 돌아오는 것도 둘 다 좋은 일입니다.

– 로버트 프로스트(1874-1963)의 '자작나무' 중에서

이 숲의 주인이 누구인지 알 것 같네.
그의 집은 마을에 있기에
숲이 눈으로 덮이는 걸 보려고
나 여기 멈추어 서 있음을 모르리라.

내 조랑말은 이상하다 생각하겠네.
일 년 중 가장 어두운 이 저녁에
가까운 농가 하나 없는데
숲과 얼어붙은 호수 사이에 멈추어 서 있음을

조랑말이 방울을 흔들어 보네.
무슨 까닭인지 묻기나 하듯.
들리는 소리라고는
단지 부드러운 바람과 솜털 같은 눈송이 스치는 소리

숲은 아름답고, 어둡고, 깊다네.
그러나 나는 지켜야 할 약속이 있기에
잠들기 전에 가야할 길이 아직 멀다네.
잠들기 전에 가야할 길이 아직 멀다네.

　　　　　　　　　　－ 로버트 프로스트(1874-1963)의 '눈 오는 저녁 숲가에 멈추어 서서'

노랗게 물든 숲 속에 두 갈래 길이 있었습니다.
두 길을 다 갈 수 없음이 안타까워
수풀로 꺾여 내려가는 한 길을 눈 닿는 데까지
한참 동안 그 자리에 서서 바라보았습니다.

그리고 다른 길을 택했습니다.
두 길 모두 똑같이 아름답지만
사람의 흔적이 적어 풀이 더 무성한 길에서
제 발길을 부르는 듯 했습니다.
그 길도 걷다 보면 두 길이 거의 같아지겠지만...

그날 아침 두 길은 똑같이 놓여 있었고
낙엽 위로는 아무런 발자국도 없었습니다.
아, 나는 훗날을 위해 한쪽 길은 남겨 놓았습니다.
길이란 이어져 있어 계속 가야만 하기에
다시 돌아올 수 없을 거라는 걸 알면서도.

오랜 세월이 지난 후 어디선가
나는 한숨지으며 이야기할 것입니다.
숲 속에 두 갈래 길이 있었고, 나는
사람들이 적게 간 길을 택했다고
그리고 그것이 내 모든 것을 바꾸어 놓았다고

– 로버트 프로스트(1874–1963)의 '가지 않은 길'

지금까지 설명한 감정 훈련법들은 그야말로 훈련법일 뿐이다. 아무리 좋은 훈련방법을 알더라도 몸으로 실천하지 않으면 무용지물이다. 꾸준한 연습을 통해 몸에 습관을 들이는 것이 중요하다. 또한 연습도 중요하지만 오늘 부터는 실생활 속에서 작건 크건 어떤 감정이 생기는 족족 그 감정에 날개를 달아 실전에서 표현해보자. 그러면 좀 더 자유롭고 좀 더 솔직한 자신의 내면을 분명히 만날 수 있을 것이다.

이 책의 초반에 중요하게 언급했듯이 모든 훈련과정은 녹음을 해보고 들어보는 것을 권장한다. 아니 꼭 그렇게 해보길 바란다. 사람은 끊임없이 자기 합리화를 하는 존재이다. 객관적으로 나를 뜯어보기란 쉽지 않다. 상상 이상으로 낯설고 어색한 내 소리를 듣다보면 피하고 싶어질 수 있다. 하지만 괜찮다. 그것 또한 곧 익숙해질 테니. 우리는 이러한 연습과정 동안만이라도 냉철하게 자기 자신을 바라봐야만 한다. 내 소리에 귀를 열어야 한다. 우리는 잠자는 시간 외에는 언제나 눈과 귀를 포함한 오감을 통해 세상을 접하고 그 속에서 다른 사람들과 어우러져 살아간다. 따라서 세상 모든 사람 사물 상황이 모두 나의 스승이 될 수 있다는 걸 명심하자. 항상 관찰하고 기억하려고 노력하라. 그리고 언제나 나의 호흡을 찾기 위해 끊임없이 노력하고 그렇게 찾은 나만의 호흡을 통한 말하기를 멈추지 말아야 할 것이다.

마음속에 감정이 들끓으면 그 뜨거운 열기로 내상을 입는다. 평소 좀처럼 자신의 감정을 표출하지 못하고 꾹 억누르고 살아왔다면, 이 훈련을 통해 자신이 입은 과거의 상처, 트라우마(trauma)까지 치유하기를 바란다. '감정의 배설'이 심리치료에서는 무척 중요하다고 한다. 마음속 꼭꼭 묻어놨던 많은 감정들을 이번 기회에 시원하게 쏟아 내보는 것은 어떨까? 그리고 지금부터는 자신의 감정에 충실하게 살아보자. 화도 건강하고 예의 있게 내면 오히려 정신건강과 인간관계에 도움이 된다고 한다. 과연 우리가 살아가면서 포커페이스가 필요한 경우가 그렇게 많을까?

감정을 분출하라, 그렇지 않으면 내상을 입는다 ✎

chapter **5**

당신에게 어울리는
보이스 캐릭터를 찾아라.

당신에게 어울리는
보이스 캐릭터를 찾아라.

1 성우 김나연만의 보이스 캐릭터 찾기 여정

어린 시절, 가정통신문과 생활기록부에는 늘 '목소리가 곱다.' 는 내용이 적혀 있었다. 초등학교 3학년 때의 일이다. 〈바른 생활〉이라는 과목이 있었는데, 그날 수업 내용은 반공 교육이었다. 북한에 있는 할아버지한테 쓴 손자의 편지글, '할아버지 들으세요.' 라는 제목의 글을 낭독해보라며 선생님이 나를 지목하셨다. 나는 일어나서 그 글을 읽어나갔다. 그냥 내 얘기처럼, 말하는 것처럼 읽었던 기억이 지금도 남아있다. 특별히 이 방면에 소질이 있다는 생각도, 누구의 지도를 받은 것도 아니었지만, 마치 내 할아버지에게 쓴 편지인 듯 감정이입을 해서 잘 읽었던 것 같다. 한참을 읽다 보니 함께 수업을 듣던 반 친구들이 모두 눈물을 흘렸다. 그 수업이 끝나자 선생님이 교무실로 나를 부르셨다. 가보니, 선생님이 "너 정말 잘한다. 웅변을 한번 해보지 않겠니?"라고 말씀하셨고, 나는 곧바로 한 번도 배운 적 없는 웅변을 시작했다. 지금 생각해보면 남들보다 감정표현에 유달리 뛰어났다는 생각이 든다. 그 이후 웅변대회에 나가 수상도 여러 차례 했지만, 그게 다였다.

내가 성우가 되고 싶었던 건 중학교 1학년쯤이었다. 우연히 〈조선왕조 오백년〉이라는 드라마를 보다가 극 중간 중간 역사적 배경을 설명하는 해설을 듣게 되었다. 후에 그것을 내레이션이라고 한다는 것을 알게 되었지만, 방송에 대한 기본적인 지식이 없던 당시에는 그 해설 같은 것이 영상보다 먼저 귀에 들어왔고, 덕분에 드라마를 이해하기도 쉬워서 드라마가 한층 더 흥미롭게 느껴졌다. 드라마 말미에 올라가는 엔딩 크레디트에서, 당시엔 그저 자막이었지만, '내레이터 유강진'이라는 것을 보게 됐고, 그 다음부터 막연하게 '나도 저런 내레이터가 되고 싶다.'는 생각을 하게 되었다. 그 후 내레이터는 성우가 한다는 것을 알게 되었고 성우가 되고 싶다는 꿈을 남몰래 키웠다.

성우가 되고 싶었던 그 시절, 딱히 방법을 몰랐던 나는 낭독을 시작했다. 방과 후 집으로 돌아오면 혼자서 교과서든 소설책이

든 어떤 것이든 닥치는 대로 글자만 적혀 있으면 들고서 소리 내
어 읽기 시작했다. 낭독을 가르쳐주는 선생님이 있었던 것도 아
니고, 어떻게 읽어야 하는지 알지 못했지만, 책을 들고 읽어 나갈
때면 어린 마음에도 행복했고 뿌듯했다. 그렇지만 워낙 내성적인
성격이라 말을 잘하지는 못했다. 그저 낭독은 불우한 가정환경을
버틸 수 있는 하나뿐인 숨구멍이었고, 유일한 즐거움이자 놀이였
다. 혼자 숨어서 꿈꾸는 막연한 성우에 대한 꿈의 실현 같은 것이
었고, 나는 그 세계에 빠져있었다. 더군다나 경상남도 합천이 고
향이었고 표준말을 써야 한다는 생각에 내 낭독 훈련은 하루에도
몇 시간씩 계속되었다.

이후로도 글자만 보면 소리 내서 읽는 습관은 고등학생이 될
때까지도 계속 되었다. 그렇게 낭독을 하며 위축돼 있던 내성적
인 성격이 조금씩 외향적 성격으로 바뀌었다. 그리고 친구들과
어울리는 대신 낭독을 하루도 거르지 않았다. 그만큼 성우가 되
고 싶다는 생각은 더욱 커져가고 있었다.

그러다 본격적으로 성우의 꿈을 키우기 시작한 것은 1986년,
스무 살이 되어서다. 특별히 공부를 잘 한 것도 아니었지만, 성우
가 되는 것 외에, 대학 입학은 관심 밖의 일이 되었다. 대학에 입
학할 생각이 없는 나를 보고 걱정스러웠는지, 어느 날 엄마가 신문
광고를 보여 주셨다. 광고에는 M●●라고, 우리나라 최초의 연기

학원에서 성우 지망생을 모집한다는 내용이 실려 있었다. 엄마 손을 잡고 간 그 연기학원에서 성우가 목소리 연기자라는 걸 처음 알게 되었다. 성우는 내레이터라고 생각하던 나에게는 너무나 당황스러운 순간이었다. 하지만 성우가 될 수 있는 방법을 찾았다는 생각에 학원에 등록을 했고, 6개월간의 교육을 받기 시작했다.

학원의 커리큘럼은 내레이션뿐만 아니라 연기 위주의 수업이었다. 일반적으로 성우라고 하면 목소리가 좋고 내레이션을 하는 사람이라고 생각하지만, 성우는 보이스-액터(voice-actor)다. 막연히 내레이터에서 시작된 나의 꿈은 그렇게 목소리 연기자, 성우로 자리 잡아갔고, 무던히도 열심히 수업을 받았다. 당시 가르침을 받았던 선생님은 MBC 성우였던 이영달 선생님과 성우 관련 교습서를 처음 쓰신 최병학 선생님, 이렇게 두 분이셨다. 그 두 분께 발음과 발성, 호흡, 연기를 배웠다. 처음엔 다른 사람들 앞에서 목소리 연기를 한다는 게 어색하고 쑥스러웠지만, 성우가 되겠다는 목표가 있으니까 극복할 수 있었다. 지금 생각해보면 그 당시 스무 살의 6개월은 성우가 되기 위한 기술과 함께 성우로서의 마인드를 배우는 시간이었다는 생각이 든다. 그때만 해도 정보를 구하기 힘든 때라 선생님들의 말씀은 곧 바이블과 같았고, 무조건 열심히 그 가르침을 따르는 것이 전부였다. 내 생각이나 고집 같은 것은 버려두고 모든 것을 흡수하듯 배워나갔다. 그렇게 6개월 교육기간이 끝나갈 즈음에는 수강생들 중에서 제일 잘한다는 칭찬을 듣게 되었다. 나는 당장이라도 성우시험에 합격할 것만 같았다.

그래서 스물한 살이 되는 다음 해에 기독교 방송인 CBS 성우 공채시험에 응시를 했다. 당시 성우들은 KBS, MBC, EBS, CBS에서 전속으로 일을 했는데, 라디오 드라마와 DJ, 라디오 교양 프로그램 진행 등 활동영역이 넓었다. TV 쪽은 외화 더빙을 비롯해서 다큐멘터리의 내레이션은 100% 성우의 몫이었다. 지금과는 비교가 안 될 정도로 활동영역이 넓었다. 그 중에 CBS도 대세 중의 대세였다. 기독교방송국이 엄청 확장될 때라서 성우를 주기적으로 뽑았고, 특히 라디오 드라마가 많아서 CBS 전속성우를 꿈꾸는 지망생이 많았다. 나 역시 마찬가지였다. 1987년 6명을 뽑는 CBS 성우 공채시험에는 2천 명이 좀 안 되는 지원자들이 몰려들었다. 1차에서 3차까지 각종 실기 시험을 치르면서 탈락자를 결정하고, 마지막 4차는 면접으로 끝이 나는 피 말리는 과정이었다. 가수를 뽑는 지금의 TV 서바이벌 오디션 프로그램과 비교해도 그 긴장감은 결코 뒤지지 않을 것이다. 처음 1차 실기시험에서 나는 4등으로 합격을 했고, CBS 뉴스에까지 합격자로 이름이 나왔다. 굉장히 고무됐었고, 3차의 실기시험까지 일사천리로 합격은 계속 이어졌다. 마지막 4차 면접시험, 나는 이 마지막 관문에서 그야말로 허망하게 탈락했다.

CBS에 응시하려면 기독교인이어야 한다. 응시서류에는 응시생이 다니는 교회의 이름을 기재하게 되어 있다. 교인이 아니었던 나는 주변 사람들과 상의를 했고, 그들의 권유처럼 집 근처 교회 이름을 적당히 써넣었다. 그런데 4차 최종 면접시험에서 면접관은 "다니는 교회의 주임 목사가 누구신가?"라고 물었고, 당황한 나는 "모르겠는데요."라고 태연히 대답했다. 지금 같았다면 좀 더 다르게 대답할 수도 있었겠지만, 사회생활 경험이 부족했던 나는 여러 면에서 미숙했다. 어쩌면 면접관은 그 대답의 무성의함에 탈락을 결정했는지도 모른다. 성우가 되기 위한 연기와 스킬은 배웠지만, 성우가 되고 싶은 나의 열의와 의지를 전달하는 대화법은 어디에서도 배우지 못했고, 그에 대한 고민도 부재했던 것이 첫 번째 시험의 실패 이유일 것이다. 하지만 당시에는 그 점을 깨닫지 못했다.

시험에 한 번 탈락했다는 결과가 성우에 대한 꿈을 접게 하지는 못했다. 나는 다음 해에 있는 KBS 성우 공채시험을 준비했다. 당시 KBS 성우 공채시험은 2년에 한 번씩 있었다. 합격을 위해 이번에는 학원이 아닌, KBS PD였던 옹상수 선생에게 사사(師事)했다. 당시 나는 공항동에 살았는데, 선생님의 댁이 있던 안암동을 1주일에 한 번씩 찾아가 지도를 받았고, 그때도 잘한다는 평가를 받았다. 그렇게 2년의 시간이 흘렀다. 어차피 대학을 다녔어도 그 정도의 시간은 필요하다고 생각하니, 그리 초조하지는 않았다. 1989년, 마침내 KBS 성우 공채 공고가 나자 나는 시험에 응시했다. 그 당시 여의도는 지금과 같은 빌딩 숲이 아니었다. 허허벌판 같은 곳에 달랑 KBS 방송국 건물만 들어서 있었다. 시험은 12월, '이산가족 찾기' 벽보가 붙어있던 그 자리에 합격자 명단이 붙는데, 합격자 명단에서 내 이름을 아무리 찾아도 보이지 않았다. 내 생애 그렇게 춥고 절망스런 순간은 없었던 것 같다. 도대체 어떻게 연기를 해야 할까, 어떻게 보여줘야 하나 하는 고민과 자괴감 때문에 고통스러웠다.

다음 시험까지는 또 2년을 기다려야 했고, 2번째 KBS 성우 공채시험을 치렀지만 결과는 마찬가지로 탈락이었다. 그렇게 2번 시험을 보는 동안 훌쩍 4년이 흘러갔고, 나는 스물네 살이 되었다. 당시 공채성우를 뽑는 시험에는 자격 제한이 있었다. 나이는 26세 이하여야 하고, 여성의 경우 기혼자는 응시할 수 없었다. 스물여섯 살에 결혼을 한 나는 결혼식을 올리고도 혼인신고를 하지 않았다. 혼인신고를 했다가는 성우 공채의 응시자격이 박탈되기 때문이었다. 나의 꿈을 응원하던 남편은 이 상황을 이해해줬지만, 더 이상 시험은 볼 수 없었다. 시험이 있던 해에 나는 첫 번째 아이를 임신하고 있었다. 그리고 나이 제한까지 걸려 공채성우의 길은 요원해졌고, 나는 태어난 아이의 출생신고와 혼인신고를 함께했다.

그렇다고 성우의 꿈을 포기하지는 않았고 나는 다른 방식으로 성우 생활을 시작했다. 앞에서 말한 대로 성우의 활동영역은 넓었다. 마이너 시장이나 이름이 알려지지 않은 상태로 일하는 성우를 '비(非)협회 성우'라고 하는데, 주변 사람들의 소개로 나는 ○○프로덕션이라는 곳에 입사하게 되었다. 추억의 SF 무협활극 〈황금동자 소야〉를 만든 프로덕션이었다. 나는 거기서 더빙에 참여할 성우를 섭외하고 작가에게서 대본을 챙겨가며 언더성우로도 활동했다. 더빙 한 편에 2만 원을 받았는데, 월급 40만 원 외에도 한 달 평균 30만 원 정도의 수입을 손에 쥘 수 있었다. 또, 지금은 동시녹음으로 만들어지는 영화도 1990년대 초반까지는 후시 녹음으로 진행되었다. 영화배우들이 연기를 하고 나면, 촬영된 필름 위에 성우의 목소리 연기를 덧입히는 방식이 바로 후시녹음이다. 그러다보니 당연히 우리말 더빙이 필요했고, 그런 영화의 주인공은 거의 내 차지였다. 그리고 1990년대 후반에는 케이블TV가 생기면서 외화더빙 일은 점점 더 많아졌다.

비(非)협회 성우로 활동하면서도 나는 여전히 성우 훈련을 계속했다. 아이를 낳은 후 당시 성우로서는 명성을 날리던, 지금은 고인이 되신 권희덕 선생님이 운영하는 학원에 다시 등록을 했

김나연의 보이스 캐릭터 찾기 여정 ✏️

다. 지금은 고인이 된 스타 최진실이 리즈 시절 출연했던 모 가전사의 CF가 있다. "남자는 여자하기 나름이에요."라는 카피를 남기면서, 지금까지 회자되는 이 광고 속 최진실의 목소리는 성우 권희덕 선생님의 목소리다. 이 광고는 연기자 최진실과 목소리 연기자 권희덕을 일약 스타덤에 오르게 했고, 그 분이 시작한 학원에 1기 수강생으로 등록했다. 더 이상 공채성우가 될 수 없었던 나는 열심히 공부했고, 인정을 받아 성우 일을 계속할 수 있었다. 광고는 물론, 케이블채널의 다큐멘터리 시리즈 10여 편의 내레이션을 단독으로 맡기도 했다. 그렇게 활동하면서 인맥은 쌓여갔고, 나는 점점 더 많은 일거리를 얻을 수 있었다. 하지만 비(非)협회 성우에게 계속 일이 들어올지는 아무도 장담할 수 없는 상황이었다. 교육과 일을 병행하던 나는 친분이 있는 비(非)협회 성우와 공채성우 12명을 모아 1993년 하반기에 우리나라 최초의 성우에이전시라고 할 수 있는 '보이스 뱅크'를 만들었다. 내 앞으로 들어오는 케이블 TV의 일감이 많아지면서, 아깝게 들어온 일들을 거절하기보다는 일거리를 나누고 계속해서 스터디를 해나갈 모임이 필요했던 것이다. 우리는 비디오나 외주제작일, 그리고 몇몇 케이블 TV 채널의 일을 독점적으로 해나갔다. 더 이상 이미 만들어진 공채성우들의 세계에 들어갈 수 없다면, 내가 만들어보자는 생각과 배짱으로 거침없이 일을 벌였다. 비디오 영화

중에서 ●●프로덕션의 일은 우리 팀이 도맡아 더빙을 했다. 사무실이 없었던 우리는 집에서 함께 모여 영화의 시사를 하기도 하고, 시간을 쪼개 스터디도 진행했다. 성우료가 공채성우들보다는 덜 부담스러웠고 열심히 잘 해냈으니 제작자 입장에서는 가성비가 좋았던 탓인지, 일감이 부족하지는 않았다. 한 2~3년 보이스 뱅크를 꾸리며 일을 계속했다.

당신에게 어울리는
보이스 캐릭터를 찾아라.

2 성우로서의 또 다른 도전, 보이스 스타일링

　이렇게 나만의 방식으로 성우활동을 이어가던 중 케이블TV에 만화영화 전문채널이 생겼다. 내 생각에 국내외 애니메이션 영화를 방송하는 채널이니만큼 전속성우는 반드시 필요하다는 생각을 하게 됐다. 그런 내용을 담아 제안서를 만들었고 무작정 방송사를 찾아갔다. 일면식도 없는 제작 PD와 제작팀장을 만나 전속성우를 뽑는 것이 이 방송사의 경쟁력이 될 것이라고 설득했고, 마침내 그 채널에선 전속성우를 뽑기로 결정했다. 보이스 뱅크에서 함께 공부하며 스터디를 했던 나와 몇 명이 공채 시험에 합격했고, 우리는 그렇게 바라던 공채성우가 되었다. 성우 공부를 시작한 지 10년만의 일이었다. 내가 일하는 분야의 흐름을 읽기 위해 끊임없이 노력하고 고민한 덕분이었다. 이 채널에선 지금도 공채를 실시하는데, 때로는 1000 : 1이라는 엄청난 경쟁률을 보이기도 한다. 그런 곳에 나는 전속성우로 합격을 했고, 당시는 서른 살 가까운 유부녀가 방송사 전속성우가 됐다는 이유만으로도 학원에서 강사로 초빙될 정도로 이례적인 일이었다. 우여곡절 끝에 이뤄낸 결과였지만, 감정은 복잡했고 전속성우로서의 활동도 생각만큼 즐겁지는 않았다.

입사한 케이블 채널에서는 주로 애니메이션과 인형극에 참여했다. 하지만 애니메이션이라는 장르는 생각만큼 나와 맞지 않았다. 애니메이션 속 캐릭터들은 현실 속 인물이 아닌 경우가 많았고 이런 캐릭터들을 표현하기 위해선 때론 성대에 무리를 주는 과장된 발성을 해야 했기 때문이다. 게다가 대부분 외국에서 제작된 애니메이션 속 캐릭터 연기를 하기 위해서는 일본이나 미국 등 원본의 외국인 성우의 소리를 들으며 립싱크를 맞춰야 했다. 그러다 보면 집중력이 흐트러지고, 그 외국인 성우의 연기를 따라가다 보면 이상한 리듬의 말투까지 생기면서 내 개성은 사라지는 느낌이 들었다. 특히 내 목소리는 중음이다 보니 맡는 역할은 주로 주인공이 아니라, 나이든 왕비나 사악한 마녀가 대부분이었다. 물론 남녀 주인공 역할의 성우 연기도 하긴 했지만, 애니메이션의 주인공들은 주로 맑은 고음에 예쁜 목소리를 가진 성우들이 도맡아 하는 상황이어서 중음인 내 목소리는 이런 역을 소화하기에는 조금 애매했다. 내가 주인공이었던 애니메이션은 〈기동경찰 페트레이버〉와 〈우리는 챔피언〉, 〈카메아리 공원 앞 파출소〉 같은, 20대의 여자 목소리가 필요한 경우였고, 10대가 주인공인 애니메이션에서는 주인공이 될 기회를 얻지 못했다. 연기자라면 누구나 배역에 욕심이 있는 법이어서 나 역시 주인공이 될 기회가 주어지지 않는 상황이 말할 수 없이 속상해 혼자 울기도 많이 했다. 그때만 해도 사회생활의 경험이 부족해서 나에게 기회를 주지 않는 사람들에게 서운하기도 했지만, 내 자신의 부족함에 대해 답답하고 화가 났다. 그러다 보니 애니메이션의 더빙을 연출하는 PD가 성우들을 모아놓고 배역을 나눠줄 때면 나는 그들 속에서 자주 소외감을 느끼곤 했다. 그런 부정적인 생각 때문이었을까, 이래저래 나는 애니메이션 더빙에는 적합하지 않다는 생각이 점점 머릿속에 자리잡아갔다.

지금 생각해보면 연기력이 부족한데다, 다른 성우들에 비해 느리고 순발력이 부족했다는 생각이 든다. 애니메이션 더빙은 녹음 부스에 적게는 열 명에서 많게는 이십여 명의 성우가 함께 들어간다. 거기에다 애니메이션의 더빙은 굉장히 빠른 속도로 진행된다. 자기 순서가 오면 마이크 정면을 차지하고 목소리를 내야만 제대로 된 오디오를 픽업할 수 있다. 연기에 몰입하다 보면 성우들 사이에선 서로 마이크를 차지하기 위해 몸싸움이 가끔 일어나기도 하는데, 나에게는 다른 사람을 밀치고 마이크 앞에 서는 것이 너무나 힘든 일이었다. 다른 성우들을 배려하다 보니 정작 내 연기를 하는 것에 집중을 못하고 흐트러지고는 했다. 그러다 보니 타이밍을 놓쳐 NG가 나기 일쑤였고, "죄송합니다."를 입에 달고 있어야만 했다.

나 때문에 연기흐름이 깨지거나 시간이 자꾸 지체되면서 녹음부스에 함께 있는 다른 성우들에게까지 폐를 끼치는 상황이 만들어지는 것이다. 녹음이 끊기고 다시 시작하기 위해 마이크 앞에 설 때면 공연히 뒤통수가 따끔거리는 느낌이 들었다. 뒤에 앉아 있는 다른 성우들을 의식하다 보니 배역에 몰입을 못해서 제대로 연기를 할 수 없었다. 그러다 보면 또 NG를 내곤 해서 민망함 속에 더빙을 마쳐야 했다.

공채성우로서의 생활은 여러 모로 나를 힘들게 했다. 그때 나는 중음의 목소리를 고음으로 바꾸기 위해 성대수술을 해야 할지를 놓고 고민하기도 했다. 자주 목이 쉬거나 결절이 생기는 연기자들과 가수들 사이에서 성대수술이 유행했기 때문이다. 남편의 만류와 성대수술 후에도 중음이 고음이 될 확률은 50%에 지나지 않고, 오히려 더 허스키해지거나 더 저음이 될 수 있다는 말에 끝

내 수술을 포기하긴 했지만, 나는 내 목소리와 내가 처한 상황에 너무나 많은 고민과 불만을 갖게 되었다. 방송사 공채성우라는 타이틀만 하나 더 생겼을 뿐, 그곳에서 나는 점점 아웃사이더가 되었고, 오히려 외부에서 일을 더 많이 하게 되면서 나는 방송사와 점점 멀어졌다. 다들 100만 원 정도의 수입을 벌어들일 때, 나는 이미 500만 원을 버는 성우가 되어 있었다.

나는 프리랜서로 활동하면서 홈쇼핑에도 진출했다. 당시 홈쇼핑은 대부분 쇼 호스트가 판매를 진행하면서 성우더빙이 된 영상을 트는 방식이었다. ●●쇼핑에 녹음을 하기 위해 갔던 내게 담당PD가 제품판매를 진행하는 현장에서 직접 멘트를 할 수 있겠냐고 물어왔다. 점차 홈쇼핑 시장이 활성화되는 시점이라, 제작진들은 좀 더 새로운 방식을 찾고 있는 듯했다. 나는 얼떨결에 가능하다고 대답했다. 즉시 핀 마이크를 달고 쇼 호스트 옆, 스튜디오 구석에 자리를 잡고 앉아 라이브로 방송을 진행했다. 제품과 관련된 생소한 단어와 전문적인 표현이 많았지만, 더빙과 달리 생방송은 한 번 틀리면 다시 주워 담을 수 없는 상황이 된다. '죄송하다'는 사과조차 용납되지 않는 현장이다. 더욱이 성우의 라이브 멘트가 꼬이기 시작하면, 스튜디오의 분위기도 얼어붙을 것은 불 보듯 뻔한 일이다. 나는 신기할 정도로 단 한 번의 실수도 하지 않고 그 어려운 것을 해냈다. 우리나라 최초로 홈쇼핑에서 성우 라이브 멘트를 시작했던 것이다. 그렇게 이 일을 10년 동안 매일 했다. 어떤 때는 한 시간에 40억 원 이상의 매출을 올리는 현장에도 있었다. 누군가 내 목소리를 반기고 필요로 한다는 사실이 고마웠다. 매일 매일 엄청난 연습을 해야 했고, 늘 시간에 쫓기면서 불안과 스트레스를 받는 나날의 연속이었지만, 이 시간들을 통해 나는 순발력을 기를 수 있었다.

같은 일을 반복하다 보면, 누구나 매너리즘에 빠지기 일쑤다. 우리 쪽에서는 '쪼가 생긴다'고 표현하는데, 이상한 말투와 리듬이 붙으면서 습관이 되어버리는 것이다. 성우 역시 목소리 연기자라 당장은 이 이상한 습관이 사람들에게 먹힐지 모르지만, 다른 목소리 연기는 할 수 없게 되면서 성우로서의 생명은 단명할 수밖에 없는데다, 듣는 사람들에겐 식상함을 줄 수 있다. 나는 이런 '쪼'를 만들지 않기 위해 노력했고, 그 노력이 또 다른 즐거움을 안겨줬다. 화장품과 패션 제품들이 많았는데, 스튜디오에 모델이 출연해서 역동적으로 움직이는 패션제품은 그때그때 분위기에 맞춰 음색과 리듬을 맞추는 게 쉽지 않았지만, 오히려 나에게는 재미있는 작업이었다. 드라마나 애니메이션에서는 찾을 수 없는 순발력과 현장감을 많이 키울 수 있는 시간이었다.

그런 작업들을 통해 입소문이 나면서 나는 세종문화회관에서 열리는 가요제의 오프 엠씨(OFF MC)를 2년 연속으로 맡기도 했다. OFF MC는 쇼의 개막을 알리거나 메인 MC를 소개하는, 무대에 서지 않는 얼굴 없는 MC이다. 보통 그랜드 오프닝이라고 해서 남성 성우에게 맡겨졌던 오프 엠씨 자리에 오르던 날의 기억은 지금도 생생하다. 기쁨보다 행사의 막을 여는 그 자리를 망쳐선 안 된다는 생각에 누구보다 긴장했었다.

다행히 내 임무를 무사히 마칠 수 있었고, 나중에는 미스코리아 선발대회에 오프 엠씨로 서기도 했다. 한 번은 미스코리아 선발대회가 서울 능동의 어린이대공원에서 열렸는데, 다른 일을 하다 지각을 했다. 오프 엠씨의 "그 화려한 막을 열겠습니다." 이 한마디가 없어서 모든 미스코리아 출전자들이 무대에 올라 미소를 지은 채 5분을 기다려야 했고, 그 일이 있은 후 미스코리아 선발대회에는 다시 설 수 없었다.

이런 저런 우여곡절이 있긴 했어도, 나는 남들이 꺼려하는 영역에도 거침없이 뛰어들어 현장에서 요구하는 역할을 해내며 활발히 활동을 이어나갔다. 차츰 성우 김나연이라는 이름이 업계에선 제법 회자되기도 했다. 그렇다고 내 목소리에 불만이 사라진 것은 아니었다. 여전히 나는 다른 성우의 소리를 흉내나 내면서 해결책을 찾지 못하는 상태였다. 더구나 나에게는 홈쇼핑과 쇼의 오프 엠씨 일은 맡겨졌어도 CF에 출연할 기회는 좀처럼 오지 않았다. CF에 출연하는 성우들의 목소리는 나와 달랐지만, CF에 대한 갈급함에 모든 라이브 쇼에서 손을 떼고 내 목소리를 고급화시키려는 노력을 했다.

하지만 결과는 실패였다. 허구한 날 홈쇼핑에서 듣던 목소리, 고급스럽지도 않고 희소성도 없는 목소리, 그게 나였다. 소리 자체가 매력적이지도 않고, 울림을 타고나지도 못한 성우인데다 애매한 중음의 목소리가 여전히 발목을 잡았다. 차라리 신뢰감을 주는 깊이 있는 저음이던가, 가늘고 경쾌한 고음이던가, 아니면 천부적으로 타고 난 성우라서 저음과 고음을 넘나들 수 있는 것도 아니었다. 얼마든지 다른 사람으로 대체가능한 성우라는 것을 인정하는 것이 말처럼 쉽지 않았지만, 문제의 본질과 직면해야만 했다.

내 중음의 목소리를 저음까지는 아니어도 중저음을 만들기 위해 다시 호흡과 발성 연습을 시작했다. 복식호흡이 도움이 될 것 같아서 흉식호흡법을 버렸다. 하지만 시간이 흘러도 좀처럼 복식호흡에 익숙해지지 않았다. 오히려 호흡이 꼬이며 음 이탈, 소위 '삑사리'가 나기도 했다. 중저음을 내야 한다는 강박관념에 시달리다 보니, 몸과 목을 한껏 움츠려서 성대가 눌리는 상황이 되었고 중저음은커녕 오히려 점점 이상한 발성을 계속 반복하고 있었다. 그렇지만 뛰어넘을 수 없는 견고한 성처럼 느끼면서도 포기할 수 없었다.

그때 다시 터닝 포인트가 찾아왔다. 홈쇼핑에서 도도하고 고급스러운 내레이션 분위기에 적합한 중저음의 성우를 찾는다는 소식이 들려왔다. 나는 그 일에 도전했고, 운 좋게 맡을 수 있었다. 문제는 그때까지 중저음을 찾지 못한 내 목소리로 어떻게 내레이션을 읽느냐 하는 것이었다. 나는 그 해결책으로 연기를 선택했다. 당시만 해도 내레이션은 그냥 읽는 것이지, 연기를 한다는 것은 다들 생각하지 못하고 있을 때였다. 근데 나는 내레이션을 '왜 말하는 것처럼 하지 않을까? 왜 읽기만 할까?'라고 생각해왔었고, 모든 성우가 읽기 급급한 내레이션에 연기를 가미하자는 선택을 한 것이다. 제품의 콘셉트는 청담동 그녀. 당시에도 청담동은 부유함을 상징하는 지역이었고, 패션과 뷰티의 중심지였으며, 도도하고 멋진 여성들이 모인 곳이라는 이미지가 있었다. 이런 청담동의 도도한 느낌을 표현하려면, 가늘거나 고음의 소리는 오히려 역효과를 낼 수 있다는 생각에 중음인 내 목소리에 오히려 캐릭터를 실어서 내레이션을 연기처럼 소화했다. 소리를 바꿀 수 없는 대신 연기를 한 것이었지만, 결과는 성공적이었다.

모두들 내레이터가 누구인지 궁금해 했고, 그것이 나라는 대답에 "이 사람이 김나연 맞아?"라며 다시 확인할 정도였다. 대부분의 성우들이 내레이션은 '읽는 것'이라고 생각했고, 성우의 자격요건 1순위는 '목소리'라고 믿었던 그 시절, 홈쇼핑 라이브 성우로 통하던 나는 화제의 주인공이 되었고, 내가 선택한 발상의 전환은 바람을 일으키기 시작했다. 그렇게 내레이션에도 캐릭터를 잡아 소리를 내다보니 차츰 목소리가 중저음으로 변하기 시작했다. 연기를 하기 위해 호흡을 복식호흡으로 내리고, 날숨에 소리를 내다보니 중저음의 소리로 변화하기 시작했지만, 내 자신도 이것이 어떤 방식으로 소리를 내야 하는지는 정확히 파악하지 못하는 상태였다. 아무튼 그렇게 원하던 중저음의 소리에 개성 있는 캐릭터를 얻게 된 것은 성우 생활을 시작한지 20여 년이 흐른 뒤였다.

그러던 중 방송을 비롯한 영상 관련 분야에 변화가 찾아왔다. 연예인들은 방송사 공채보다 연예기획사들의 발굴을 통해 활동하기 시작했고, 소속사의 기획을 통해 방송과 영상 전 분야로 활동영역이 확대되었다. 라디오 프로그램의 진행은 물론, 다큐멘터리의 내레이션까지 성우가 아닌 가수와 탤런트, 영화배우 등의 연예인들이 참여하는 경우가 많아진 것이다. 성우에 비해 출연료가 비싼 연예인을 기용하면서도 시청률과 광고판매에 유리한 상황이라 성우들의 설자리는 점점 좁아지고 있었다. 특히 영화는 성우 더빙이 줄어드는 대신 자막으로 대체됐다. 특히 케이블 TV 업계 쪽에서는 제작비 부담 때문에 자막을 더 선호하게 됐고, 외국어 공부에 대한 붐이 일면서 시청자들은 원어를 듣고 싶어 했다. 이런 방송영상 시장의 변화가 외화 더빙을 없애면서 성우시장을 위축시키는 한 원인이기도 했다. 한때는 〈6백만 불의 사나이〉나 〈맥가이버〉 같은 미국영화를 통해 성우 배한성, 양지운 같은 분들이 스타 반열에 올랐고, 각종 프로그램에 패널로 꾸준히 출연하면서 인기를 형성했지만, 시간이 흐르면서 외국연기자들의 연기를 직접 느끼기에 성우 더빙은 어딘가 부자연스럽다는 시청자들의 반감이 두드러지기도 했다.

라디오 역시 마찬가지였다. 라디오 드라마는 제작 편수가 현격히 줄어드는 대신 연예인 DJ를 기용한 음악방송의 편성이 늘어나기 시작했다. 여전히 방송사 공채가 메이저 시장의 데뷔 방법이었던 성우들의 위축이 안타까웠다. 나는 비(非)협회 성우 시절 만들었던 〈보이스 뱅크〉를 떠올렸고, 좀 더 본격적인 성우 에이전시를 만들고 싶었다. 연예인들이 기획사를 통해 활동하고 출연료를 타진하는 방식이 성우들에게도 반드시 필요한 일이라고 생각했기 때문이다. 또한, 인지도로만 평가 받는 성우시장에서 정말 목소리만으로 평가를 받아서 선택 받는 시장 환경을 만들고 싶어서 보이스 검색엔진까지 도입하기도 했다. 하지만 에이전시의 설립도 운영도, 마음처럼 되지 않았다. 프리랜서 성우와 방송사 전속성우들의 요구를 하나로 모으기엔 시기상조였던 것 같다. 그렇게 성우 에이전시의 운영은 쉽지 않았지만, 우여곡절 끝에 현재

(주)레인보우보이스라는 성우 에이전시이자 오디오 전문 제작사를 운영하며, 23년간 현장에서 체득했던 모든 지식을 후배들에게 가르치는 일에 집중했고, 보이스 스타일링에 매진하게 됐다.

3 말하기에도 캐릭터*가 필요하다

애니메이션(animation)이란 그림이나 사물에 새로운 생명을 불어 넣어주어 생생하게 움직이는 것처럼 보여주는 것이다. '영혼'이라는 의미를 가진 라틴어 '애니마(anima)'와 '살아나게 하다'라는 '애니마투스(animatus)'에서 유래했다고 하는데, 애니메이션에서 성우들의 더빙은 그야말로 캐릭터에 영혼을 불어넣어 살아나게 하는 핵심 작업이다.

---

* 캐릭터(character) : 어떤 상품을 소비자에게 강하게 혹은 친근하게 접근하기 위해 상징적 이미지를 만들어 개성이나 성격 등을 삽입시키는 것. 특정 인물을 상징화 하거나, 동물이나 식물 등을 의인화하여 특정 상품으로 개발하거나 존재하는 사물 등을 보다 친근한 요소로 만듦. 광고표현에서는 개성이라는 의미로, 트레이드 캐릭터(trade character)의 약칭.

월트 디즈니와 픽사 애니메이션이 만든 〈몬스터 주식회사〉라는 애니메이션이 있다. 유명 영화배우 존 굿맨과 빌리 크리스탈이 몬스터 역할을 맡아 목소리 연기를 했지만, 내 눈길을 사로잡은 것은 어린 주인공 여자아이 '부(Boo)'의 목소리를 채음(採音)하는 장면이었다. 대본이 있거나 성인 배우가 아이 목소리로 더빙을 한 것이 아니라, 아이가 일상생활에서 내는 자연스런 소리들을 실제로 녹음한 것이다. 천방지축 집안을 가로지르며 뛰어다니는 어린아이를 마이크를 든 오디오맨이 정신없이 따라다니면서 녹음을 하느라 진땀을 빼고 있었다. 그야말로 더빙이 아닌, 소리를 채집하는 채음(採音)이었다. 당시만 해도 "힘들었겠네!" 정도의 느낌이었지만, 보이스 스타일링에 대해 연구하는 지금은 그 제작진의 노력이 이해가 간다. 그만큼 캐릭터를 만드는 데 목소리와 말투는 굉장히 중요하기 때문이다.

나는 모바일 게임을 하지는 않는다. 하지만 종종 게임 광고나 캐릭터 녹음에는 참여한다. 최근 모바일 게임에는 캐릭터에 보이스를 지원하는 경우가 많아졌다. 캐릭터의 보이스는 그 캐릭터의 성격을 확실히 나타내는 한편, 감정이입을 도와주기 때문에 유저들 사이에서 관심이 많다고 한다. 성우들의 목소리 연기가 덧붙여진 캐릭터가 좋은 게임을 만드는 요건 중 하나가 되고 있는 것이다.

내 지인 중에는 TV 프로그램에 두어 번 출연한 재무 설계사가 있다. 그가 출연한 TV 프로그램을 지켜보니 다른 패널과의 차이점을 딱히 찾아보기 힘들었고, 이렇다 할 매력적인 요소가 없었다. 외모부터 강연 내용까지 요즘 흔히 말하는 아재 스타일 그 자체. 본인도 신경이 쓰였는지 난생 처음 청담동의 미용실을 찾아 헤어스타일을 바꾸고 안경과 양복 등 패션 스타일도 손을 봤지만 그래도 뭔가 부족했다. 보이스 스타일이 바뀌지 않은 것이다. 우선 그 친구를 분석했다. 회계사라는 전문직업, 중장년층의 여성들을 대상으로 하는 TV 연사라는 사회적 입장, 성격은 다정다감한 젠틀맨 스타일, 그러나 단점은 마침표 없는 '줄줄줄' 화법과 청중을 배려하지 않는 '직진' 화법, 무성의하게 들리는 말투라는 결론이 나왔다.

나는 우선 그를 대상으로 호흡 훈련을 시작했다. 1시간 동안 강연을 하려면 힘들이지 않고 오랜 시간 편안하게 말할 수 있어야 한다. 또한 주제가 '서민들의 자산 관리' 분야인 만큼 신뢰감을 얻을 수 있는 목소리를 찾아야 했다. 생각보다 호흡과 중저음의 소리를 내는 훈련에 잘 따라와 주었다. 나는 그의 보이스 캐릭터를 미국의 전(前) 대통령 오바마로 잡았다. 부드럽고 자연스런 스피치를 하면서도 전문분야를 이야기할 때는 명확하고 단단한 느낌이 들도록 보이스 스타일링을 계속했다. 젠틀한 캐릭터를 살려 말투를 다정하게 바꾸고, 끝없이 자기 말만 하는 화법에 손을 댔다. 포물선을 그리며 정성을 들여서 말을 하게 하고, 앞에서 듣고 있는 사람이 이해할 시간을 주면서 강연을 이어가게 했다.

그렇게 보이스 스타일링이 끝나고 다시 방송에 출연했을 때, 그의 강연을 들은 청중들의 반응이 달라졌다. 팬덤까지 형성되지는 않았지만 예전보다 유연해진 그의 보이스 캐릭터에 방청객 몇몇은 사인을 요청했고, 제작진들도 흡족해 했다. 그 이후 그를 다시 만났을 때 나는 깜짝 놀랐다. 정말 내 눈 앞에 아재가 아닌, 댄디한 젠틀맨이 된 그 친구가 서있는 것이었다. 보이스 캐릭터가 그의 캐릭터를 구축하는 데 엄청난 시너지 효과를 발휘한 것이다. 이것이 보이스 캐릭터가 갖는 힘이다.

그동안 나에게 보이스 스타일링을 받고난 후 자신에게 맞는 보이스 캐릭터를 찾은 분들을 조금 더 소개하려고 한다.

첫 번째 소개할 분은 50대 초반 나이의 보청기 관련 일을 하는 분이다. 이미 업계에서는 실력을 인정받은 남성분이었는데, 첫 인사를 나누는 순간, 나는 그의 목소리에 너무나 놀랐다. 흔히 '쉿소리'라고 하는 목소리 그 자체였다. 이미 성대 쪽 수술을 한번 받았음에도 목소리는 점점 악화일로에 있었고, 지푸라기라도 잡는 심정으로 보이스 스타일링을 받겠다는 생각에 찾아온 것이었다.

이런 저런 이야기를 나누면서 나는 문제를 진단해보았다. 우선 그의 호흡을 살펴보니, 호흡이 무척 짧은 편에 속했다. 내가 말하는 보이스 스타일링의 '말하기 호흡법'과는 너무나 상반되게 코와 입만을 사용해 호흡을 하고 있었다. 그러다 보니 당연히 호흡량이 부족해서 끊임없이 물레방아가 돌아가듯 '코-입-코-입'으로 쉴 새 없이 숨을 쉬면서 말을 하느라, 모든 말은 기의 단문에 단답형이었다. 호흡이 짧으니 한 호흡에 말할 수 있는 음절수가 다섯 음절을 넘지 못했다. 거기에 성대가 상하고 아파서 목 윗부분만을 사용해서 말을 하다 보니 톤은 너무나 높았고, 말에 힘이 실리지 않는데다가 굉장한 허스키 보이스에 목소리까지 너무나 가늘었다. 더군다나 직업적인 특성상 말하기에도 고질적인 문제점을 안고 있었다. 그는 고객 응대를 자신이 직접 하고 있었다. 보청기 착용을 위해서는 청각장애를 판정해야 하는데, 이 검사 방식이 단어를 한 음절씩 소리 내서 들려줘야 한다는 것이다. 예를 들어, '대한민국'이라는 단어를 '대!' '한!' '민!' '국!' 이런 식으로 들려주다 보니 어느 새 그의 말은 모든 음절을 거의 끊어서 말하는 습관이 배어있었던 것이다. 말을 하는 그도, 그의 말을 듣는 나도 피곤함이 느껴졌다. 과연 이런 목소리로 어떻게 고객을 만나왔는지, 참으로 안타까운 상황이었다.

나는 그의 보이스 스타일링을 시작했다. 우선 말하기 호흡으로 숨 쉬는 방법을 바꾸면서 더 이상 성대가 손상되지 않게 생목으로 말하는 습관을 없애는 데 주력했다. 안 나오는 소리를 쥐어짜듯 말하다보니 점점 성대는 상하고 그러면 좀 더 소리를 높여 말해왔던, 그 악순환을 일시에 끊어내기는 힘들었지만, 그 자신도 말하는 것에 또 본인의 목소리에 짜증이 나고 지쳐 있었던 터라 생각보다 열심히 잘 따라와 주었다. 복식호흡에 이어 말하기 호흡을 통해 발성과 발음을 잡으면서 그만의 목소리를 찾는 과정으로 훈련을 이어갔다. 고음에, 소음처럼 들리는 쇳소리는 톤을 낮추어 중저음의 목소리로 바꾸었고, 거기에다가 성량을 조금 늘리니 꽤나 매력적인 허스키 보이스가 완성되었다. 마치 재즈가수 같은 느낌까지 들었다. 마지막으로 말하기의 나쁜 습관을 없애는 단계에 이르렀다. 그는 평소 사람들에게 중요한 말을 할 때, 강조의 의미로 한 음절씩 끊어서 고음으로 소리를 내야 한다고 생각했고 그렇게 말하는 습관에 길들여져 있었다. 고음으로 톤을 높여 세게 말하는 것이 강조가 아니라, 낮은 톤으로 꼭꼭 씹어 천천히 말하는 훈련을 시작했고 지금은 이것을 몸에 익히는 중이다.

기억에 남는 또 한 명의 수강생이 있다. 회사를 운영하는 40대 후반의 남성이었다. 그는 모든 말을 마치 울면서 하는 듯한 습관이 배어 있어서 직원들에게 대표로서의 권위가 서지 않는다는 것이 불만이었다. 그러다 보니 직원들과 함께하는 회의나 업무지시를 할 때면 자신감이 형편없이 떨어진다는 고충을 토로했다. 잠시 말을 나누는 동안에도 '흐어엉~' 하는 콧소리가 너무 심했고, 징징거리는 느낌이 들어 성인 남성과 이야기한다는 느낌이 들지 않았다. 더군다나 혀 짧은 소리를 내는 것도 역시 문제였다.

우선 말하기 호흡을 가르치면서 코로 숨을 들이쉬고 입으로 호흡을 내뱉는 연습에 치중했다. 놀랍게도 이 첫 난세, '말하기 호흡'에서 이미 엄청난 변화가 나타났다. 입으로 날숨을 내쉬면서 소리를 내니 문제의 비음이 사라지면서 젊고 명쾌하고 에너지 넘치는 음색이 나오기 시작한 것이었다. 그는 상대를 사로잡는 기분 좋은 목소리를 갖고 있었음에도 40여 년을 우는 소리로 살아왔던 것이다. 제대로 말하기만 조금 일찍 배웠어도 어쩌면 그의 인생은 조금 더 달라졌을지 모른다는 욕심이 들었다. 스위트하고 세련된 도시남의 캐릭터로 설정하고 나니 문제의 '혀 짧은 소리'를 잡을 차례가 되었다. 실제 혀가 짧은 사람은 그리 많지 않다고 앞에서 설명했다. 혀가 짧다기보다는 설소대의 문제로 조음기관의 움직임이 남들에 비해 유연하지 않은 것뿐이다. 특히 말하는 당사자가 자신의 발음이 불명확하다는 것을 인지하게 되면 오히려 말을 할 때 더욱 긴장하게 되어 발성과 발음은 더욱 꼬이게 된다. 나는 조음기관을 이완시키기 위해 입과 혀를 푸는 훈련을 시키면서, 천천히 한 음절씩 꼭꼭 씹어 말하게 했다.

마지막으로 소개할 분은 50대 초반의 여성이다. 전화로 상담을 예약하면서 든 생각은 말에 군더더기가 심하다는 것과 발음이 명료하지 못해서 내용을 알아듣기 힘들다는 것이었다. 보이스 스타일링을 받겠다는 분들 대부분이 말하기에 있어서 한 가지 문제만을 가지고 있는 것은 아니지만, 짧은 통화만으로도 이분 역시 너무나 많은 문제점을 가지고 있다는 진단을 내릴 수 있었다.

마침내 약속 시간이 되어 그녀는 내 사무실을 찾았고, 그 아름다운 외모에 놀란 나는 그녀가 전화속의 주인공과 동일인임을 깨닫기까지는 시간이 필요했다. 좀 더 심도 있게 이야기를 나누다 보니 문제는 이뿐만이 아니었다. 젊은 나이임에도 "아유, 아유, 그래서~"라며 어딘가 모르게 세련되지 못한 말투에다가, 발음은 흩어져 명료하지 않고, 목소리 역시 건조하다 못해 지저분한 느낌이 들었다. 성격은 급해서 말은 빠르고, 또 말에 이상한 리듬을 붙이는 습관까지 있었다. 더군다나 표준어가 아닌 사투리 때문에 마지막 어미처리도 이상했다. 모든 말끝을 올리거나 내리듯 경쾌하게 끝내는 것이 아니라, 마치 말을 누이듯 "~해쓰"하며 질질 끄는 버릇이 붙어 있었다. 거기에 직업상 선생님 스타일이라 말에는 마침표가 없이 끝없이 말을 쏟아내는 타입이었다. 내가 만난 수강생 중 최악의 조건을 갖춘 분이었다.

그녀 역시 주변 사람들로부터 오랜 시간 타박을 들어왔던 터라 자신의 상태를 잘 알고 있었다. 지인들은 '입을 여는 순간, 환상이 깨지니 남들 앞에서는 입을 닫고 있으라'는 충격적인 소리까지 건넨다고 했다. 그녀는 유학원에서 실시하는 설명회와 상담을 진행해야 하는 입장인데, 어느 순간부터 자꾸 위축이 된다고 했다.

그녀는 보이스 스타일링의 전 과정을 하나하나 이수하지 않으면 개선될 여지가 없어 보일 정도로 심각했고, 나는 다른 수강생들보다는 좀 더 여유를 갖고 훈련을 진행하자는 판단을 내렸다. 우선 호흡에 손을 댔다. 그녀는 호흡을 할 때 코를 사용하지 않는 버릇이 있었다. 코로 숨을 들이마시지 않고 입으로 숨을 쉬고 입으로 숨을 내쉬는 바람에 늘 목이 건조한 상태였다. 목소리가 깔끔하지 않고 지저분하게 들리는 이유는 이 때문이었다. 나는 우선 호흡을 말하기에 적합한 '말하기 호흡'으로 바꾸는 동시에, 호흡을 천천히 하는 습관을 들여 말하는 속도까지 늦추는 훈련을 시켰다. 그리고 말하기에 앞서 '생각훈련'을 하는 습관을 통해 쓸데없는 말들을 없애고 자신이 하고 싶은 말을 간단명료하게 전달하는 화법을 익히도록 했다. 그리고 말을 끝없이 쏟아내지 말고 상대가 이해할 시간을 주는 배려를 가르쳤다. 또한 "~해쓰" 하며 질질 끄는 사투리에서 파생된 습관까지 개선하기 위해 노력했다.

물론 모든 사람들이 표준어를 구사할 필요는 없다. 때로는 자신이 태어나고 자란 그 사투리가 그 사람의 정체성이기도 하고 잘만 개발하면 보이스 캐릭터가 될 수 있기 때문이다. 하지만 그녀처럼 설명회나 상담 같은 공식적인 자리에서는 적어도 표준어를 구사하는 것이 필요하다는 생각이 들었다. 50여 년의 세월을 잘못 길들여진 언어습관 속에서 살아왔기에 한 순간에 이 모든 습관들을 바꿀 수는 없지만, 전반적인 보이스 스타일링을 통해 그녀는 세련되고 우아한 중년 여인의 보이스 캐릭터를 찾아가고 있다.

그렇다면, 당신의 말하기에는 어떤 문제가 있는지 생각해 보자. 그리고 더불어 어떤 보이스 캐릭터를 갖고 싶은지도 생각해 보기를 바란다. 이제 곧 당신에게 어울리는 보이스 캐릭터를 찾아 떠나는 보이스 스타일링의 마지막 여정을 시작하고자 한다.

4 나만의
보이스 캐릭터를 찾아라

　얼마 전 읽은 책에서 나는 놀라운 사실 하나를 발견했다. 일본의 심리학자 나이토 요시히토 박사에 의하면 말투*를 살짝 바꾸는 것으로 상대방을 설득할 확률이 40% 이상 높아진다는 것이다. 사람은 90% 심리로 움직이고, 심리는 90% 말로 움직여서 말투를 조금 바꾸는 것만으로도 일이 더 잘 풀리고 인간관계가 극적으로 달라진다고도 했다. 무릎을 탁 치게 만드는 말이다.

---

* 말투[말·투] : 말을 하는 버릇이나 본새.

성우 일을 하는 후배 중에 인간관계가 좋지 않아 사회생활이 힘들다고 하는 사람이 있다. 인간관계가 잘 풀리지 않는 이유가 무엇인지 그에게 물었다. 말 주변이 없어서 상대가 자신의 진심을 알아주지 않는데다 말을 재미있게 하지 못해서라고 답했다. 그러나 내 생각은 달랐다.

인간관계에 문제가 있을 때 내부분의 사람들은 자신의 진심이 전달되지 못한 이유를 상대에게서 찾는다. 성우 후배의 경우는 싸울 듯 쏘는 말투가 대화를 하기 싫게 만든다. 몇 마디만 나눠도 금방 상대를 부글부글 끓게 한다. 이런 상황에서 그의 진심이 무엇인지, 행간에 숨어있는 속뜻을 헤아려 줄 사람은 없다.

남들과 말을 나누기 전이나 전화를 걸거나 받을 때 우리는 보통 목소리를 가다듬는다. 이때 대부분의 여성은 한 톤을 올리고 남성은 한 톤을 내린다. 자신의 이미지를 위해서다. 이것도 어찌 보면 간단한 보이스 스타일링이고, 나름의 보이스 캐릭터를 추구하는 것이라고 생각한다. 하지만 음성만 바꾼다고 타고난 음색이 바뀌지는 않는다.

보이스 스타일링의 마지막 과정은 자신에게 어울리는 보이스 캐릭터를 찾는 일이다. 보이스 캐릭터는 자신의 성격, 직업, 사회적 위치 등을 고려해야만 한다. 소극적이고 내성적인 사람이 하루아침에 성격을 개조할 수는 없는 일이고, 서비스직에 종사하는 사람이 리더처럼 지시를 할 수 있는 것도 아니다. 조직의 막내가 수장이 될 수는 더더욱 없다.

스타일링하면 제일 먼저 떠오르는 분야가 패션이다. 의상을 통해 자신을 표현하고, 이미지를 창조한다. 패션 스타일링이 '보이는 이미지'라면, 보이스 스타일링은 '보이지 않는 이미지'를 만드는 것이다. 단, 두 분야 모두 이미지를 만들 때 가장 중요한 기준은 똑같다. 바로 TPO(시간:Time, 장소:Place, 상황:Occasion)를 고려해야 한다는 점이다. 패션도 말도 시간과 장소, 상황을 고려하지 않으면 낭패다. 파티에서나 입을 화려한 옷을 장례식장에 입고 갈 수는 없는 법이다. 마찬가지로, 파티에 갔을 때의 말과 조문을 위해 장례식장을 찾았을 때의 말은 천양지차가 나는 것이 당연하다.

나는 보이스 스타일링에는 이 TPO에 대상(Object)이라는 O가 하나 더 붙어야 한다고 생각한다. 바로 TPOO이다.

직원 중 한 명은 하루 종일 한 스타일로만 말을 한다. 문제는 그 스타일이 좀 덜 친절하고 심드렁해서 매력적이지 않다는 것이다. 아침에 출근하면서도, 일을 하면서도, 점심을 먹을 때도, 손님이 찾아왔을 때도, 퇴근할 때도 한결같다. 아무리 잔소리를 해

보이스 캐릭터를 잡기 위해 고려해야 할 것들 ✏️

도 좀처럼 변하지 않는다. 누군가에게 패션 스타일링을 할 때 액세서리와 패션 소품으로 이미지를 완성하듯, 자신만의 호흡에 약간의 감정을 실어 말하는 것만으로도 보이스 스타일링은 완성 될 수 있다. 하지만 패션 감각이 없는 것에 대해서는 고민하고 연구하면서도 대화의 감각이 떨어지는 것에서는 마치 자신의 캐릭터인 양 무심함으로 일관한다. 보통 인간이 여든 살까지 산다고 가정했을 때, 거울을 보는 데 드는 시간은 약 2.2년으로, 웃는 시간 2년과 화장실 가는 시간 1.1년보다 길다. 자신의 외양을 좀 더 자주 많이 확인하는 사람은 2.2년보다 더 긴 시간을 거울 보는 데 사용할 것이다. 그 시간을 조금만 쪼개서 자신의 인격을 비추는 '말'이라는 거울을 좀 더 자주 확인했으면 좋겠다.

내가 생각하는 보이스 캐릭터는 자신의 성격, 직업, 사회적 위치 등을 고려한 뒤 여기에 긍정적인 에너지를 플러스해 극대화하는 것이라고 생각한다. 보이스 캐릭터 역시 바탕은 자신이어야 하기에, 전혀 다른 제 3의 캐릭터를 만들자는 것이 아니다. 이때의 대안이 표현방식, 말투를 바꾸는 것이다.

말투를 바꾸면 소심함은 진지함이 되고, 잔소리꾼은 멘토가 된다. 누구나 표준말을 구사할 필요도 없다. 사투리의 구사가 구수함을 줄 수 있다면, 그 역시 보이스 캐릭터로 남겨두어야 한다.

아이 같은 목소리라면 더욱 상냥한 말투로 자신의 생각을 정확히 전달할 수 있으면 되는 것이다. 말투가 어눌하다고 해서 좌절할 것도 아니다. 순진하고 진정성 넘치는 캐릭터로 어필하면 된다. 자신에게 맞는 옷을 입고 편안하고 당당하게 활동하듯 나에게 맞는 캐릭터로 내 생각을 편안하고 거리낌 없이 전달할 수 있으면 되는 것이다. 부정적인 요소를 갖고 있는 말투는 바꾸면 된다. 말투는 버릇이고 감정이다. 대화를 좌우하는 것은 대화의 내용을 어떤 말투로 전달하는가에 달린 것이다. 단, 그 말투를 TPOO(시간:Time, 장소:Place, 상황:Occasion, 대상:Object)에 맞게 변주할 수 있으면 된다.

당신은 몇 종류의 말투를 갖고 있는가? 친구들과 대화할 때, 공식적인 자리에 섰을 때, 가족들과 함께 있을 때 등등 사람들은 TPOO에 따라 조금씩 다른 말투를 사용한다. 먼 옛날 궁중에서도 말투는 다섯 가지로 분류해서 썼다고 한다. 높은 신분의 사람에게 신분이 낮은 사람이 올리는 말투인 극존체, 신분은 높으나 함부로 말을 놓을 수 없는 상대를 대할 때의 하소서체, 공적인 자리보다는 사적인 자리에서 많이 쓰는 하오체, 높은 이가 낮은 이와 사담을 나눌 때의 하게체, 그리고 제일 낮은 말투인 해라체가 있다. 이렇게 신분, 상황, 시간에 따라 말투를 달리했던 것을 알 수 있다. 농담 삼아 굳이 방송에서의 말투를 구분한다면 '한다'체와 '습니다'체로 나눌 수 있을 것이다.

지금부터는 본격적으로 자신에게 맞는 보이스 캐릭터를 설정해보자.

다음 쪽의 보이스 캐릭터 맵을 참고하세요.

Tip

❖ 나에게 맞는 보이스 캐릭터는? (남성)

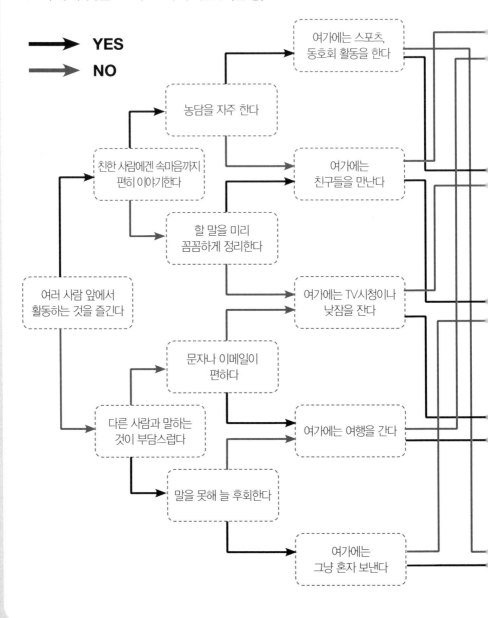

YES

NO

말의 품격을 더하는 보이스 스타일링

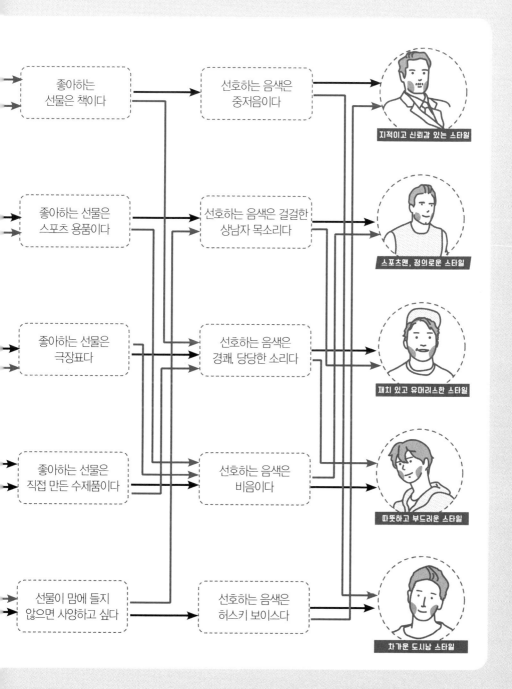

좋아하는
선물은 책이다

선호하는 음색은
중저음이다

지적이고 신뢰감 있는 스타일

좋아하는 선물은
스포츠 용품이다

선호하는 음색은 걸걸한
상남자 목소리다

스포츠맨, 정의로운 스타일

좋아하는 선물은
극장표다

선호하는 음색은
경쾌, 당당한 소리다

패치 있고 유머러스한 스타일

좋아하는 선물은
직접 만든 수제품이다

선호하는 음색은
비음이다

따뜻하고 부드러운 스타일

선물이 맘에 들지
않으면 사양하고 싶다

선호하는 음색은
허스키 보이스다

차가운 도시남 스타일

5장_ 당신에게 어울리는 보이스 캐릭터를 찾아라. 247

❖ 나에게 맞는 보이스 캐릭터는? (여성)

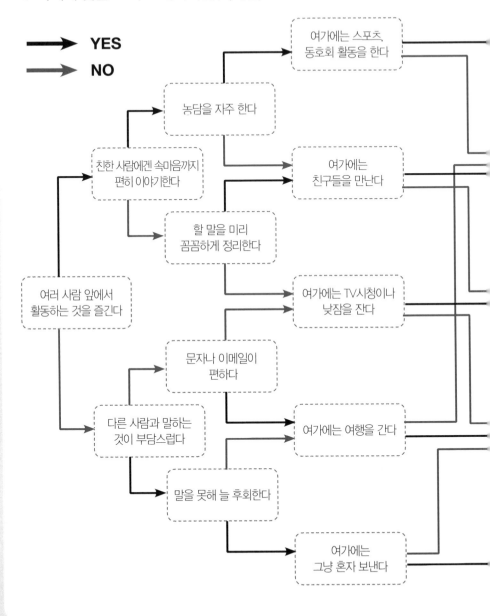

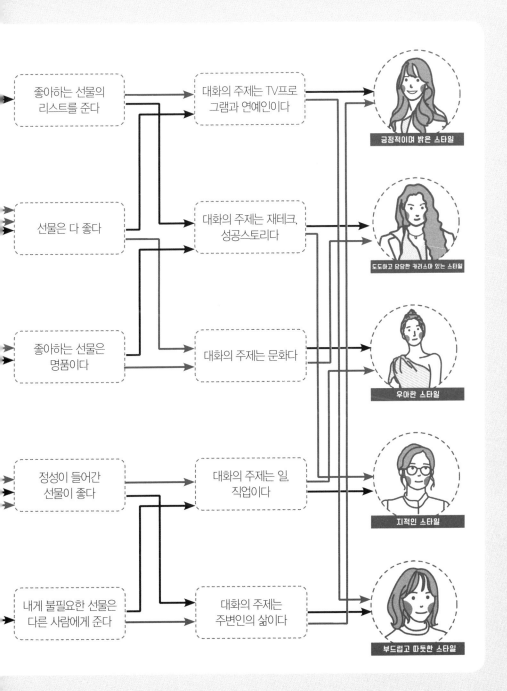

좋아하는 선물의
리스트를 준다

대화의 주제는 TV프로
그램과 연예인이다

긍정적이며 밝은 스타일

선물은 다 좋다

대화의 주제는 재테크,
성공스토리다

도도하고 당당한 카리스마 있는 스타일

좋아하는 선물은
명품이다

대화의 주제는 문화다

우아한 스타일

정성이 들어간
선물이 좋다

대화의 주제는 일,
직업이다

지적인 스타일

내게 불필요한 선물은
다른 사람에게 준다

대화의 주제는
주변인의 삶이다

부드럽고 따뜻한 스타일

자신의 보이스 캐릭터를 찾아 설정했다면 캐릭터의 특징에 대해 조금 더 알아보자.

■ 남성 보이스 캐릭터 유형

① 지적이고 신뢰감 있는 스타일

지적이고 신뢰감 있는 스타일

목소리와 발음이 정확하다. 즉, 말의 음가를 정확히 표현한다. 그리고 발음을 잘근잘근 씹듯이 말하며 냉철한 경우가 많기 때문에 톤의 변화가 거의 없다. 그리고 단어가 가지는 의미를 정확히 이해하고 그 의미와 뉘앙스를 명확히 표현한다. 큰 힘을 들이지 않고 말하며 어떤 경우에도 쉽게 흥분하지 않는다.

② 스포츠맨. 정의로운 스타일

스포츠맨, 정의로운 스타일

러닝머신을 뛸 때처럼 숨소리가 거칠다. 호흡이 함께하기 때문이다. 에너지가 넘치고 건강하다. "저를 부르지 그러셨어요? 제가 해결해 드릴게요!" 말에 꺾임이 없이 쭉쭉 밀고 나가는 느낌으로 한다. 문장의 글자 사이가 촘촘하다. 그러면 속도감이 있다. 호흡은 많다. 문장 앞에 "하아~" 하고 짧게 넣는다. 또 말과 말 사이에 긍정적 리액션이 있다. 소리가 경박하게 어깨 위쪽에서 나지 않게 주의한다.

③ 재치 있고 유머러스한 스타일

재치 있고 유머러스한 스타일

일단 보기만 해도 즐거운 외모를 상상하자. 항상 입 고리가 귀에 걸리듯 미소를 짓고 때로는 활짝 웃기도 한다. 실제로 쌩긋 하고 입꼬리를 올리고 웃음기를 머금고 말해본다. 글자 사이가 촘촘하며 톤의 변화가 많다. 상대 가까이에서 속 소리를 하거나 상대와 거리를 두고 말하는 변화가 다양하다. 중요한 얘기를 하기 전이나 말에 포인트를 주고 싶은 경우 하고자 하는 말 전에 포즈를 둔다. 즉, 공간감을 적극 활용하며 문장과 문장 사이에 포즈를 두어 상대를 집중시킨다. 아메리칸 스타일로 조금 과장되고 위트 있는 제스처를 섞어도 좋다.

④ 따뜻하고 부드러운 스타일

따뜻하고 부드러운 스타일

미소. 가슴. 눈빛. 세 가지만 기억하자. 미소를 살짝 머금고 내 심장에서 소리가 나온다고 생각하고 말하자. 실제로 심장에 손을 얹고 심장이 최대한 울리는 나의 발성을 찾아보자. 그리고 어미처리를 단호하게 끊지 말고 부드럽게 깃털이 내려앉듯 흘려준다. 항상 상대방의 말에 "음~" "진짜?" "그래?" "아~" 등등 맞장구를 쳐준다. 그리고 말을 많이 하기 보단 많이 들어준다. 그래서 문장과 문장 사이 포즈를 두며 리액션을 한다. 전문적인 부분을 말을 할 때는 또박또박 말하고 제스처는 간단한 동작만하고 웃음 섞인 말투를 한다. 중요한 단어만 강조한다. 나머지 음절은 쭉쭉 연결한다. 안정된 호흡으로 중저음을 낸다. 호흡량을 많이 해서 부드럽고 친절한 말투로 한다. 포물선 대화법에 가장잘 어울리는 스타일이다.

⑤ 차가운 도시남 스타일

차가운 도시남 스타일

일단 날카로운 금속을 생각해보자. 일단 자신감이 차있고 쉽게 흔들림이 없다. 일정한 톤으로 한 문장을 감정선 없이 말한다. 군더더기 없는 어미처리를 한다. 즉, 어미나 말끝을 내려주며 동시에 호흡도 끊고 입도 다문다. 항상 왼쪽 아래로 누군가를 내려보는 뉘앙스로 툭 하고 얘기한다. 중저음으로 최대한 억양이 없이 플랫하게 높낮이가 없어 감정이 없는 말투. 말끝을 내려주면 차갑게 들린다. 하지만 계속 이렇게 말을 하면 상대에게 '대화하기 싫다.'는 느낌을 줄 수 있다.

■ 여성 보이스 캐릭터 유형

① 긍정적이며 밝은 스타일

긍정적이며 밝은 스타일

밝은 캐릭터는 항상 기분이 업 돼있다. 입 꼬리가 양쪽 귀에 걸릴 듯이 입이 쫙 찢어져야 한다. 호흡은 복식호흡을 하지만 발성 지점은 두성에서 나온다. 밝음의 정도에 따라 많이 밝으면 머리 꼬덩이를 잡아당긴다는 느낌으로 소리를 낸다. 호흡은 많이 섞는다. 그리고 미소가 끝까지 함께 한다. 물론 중저음의 내 소리가 탄탄해야 거부감이 없다.

② 도도한 여자. 당당한 여자. 카리스마 있는 스타일

도도하고 당당한 카리스마 있는 스타일

문장 앞에 아주 살짝 들숨 호흡을 한다. 광고 카피 중에 "강한 걸로 주세요!"가 있다. 말의 기복이 없다. 굉장히 이성적이고 말에 감정이 들어가지 않는다. 리듬 없이 한 센텐스로 "강한 걸로 주세요!" 쭉 연결한다. 자간 사이도 좁혀서 말한다. 틈이 없이 촘촘하게 음절이 연결된다.

③ 우아한 스타일

우아한 스타일

콧소리를 내며 리듬을 첨가해서 목소리를 내는 것을 연상하시겠죠? 하지만 그렇게 표현하면 거북하다. 우아한 느낌은 내적으로 갖고 목소리로 표현할 땐 절제해야 한다. 그것이 올바른 표현법이다. 우아하더라도 조근조근 양념처럼 말한다. 절제된 느낌으로 "안녕하세요, 반갑습니다!" 문장과 문장 사이에 느낌의 포즈가 있고 자간 사이를 좁혀서 말한다. 툭 툭!

④ 지적인 스타일

이성적이지만 가슴에는 따뜻한 인간애가 있다. 중저음으로 호흡을 빼고 억양을 플랫 하게 한다. 문장에서 구절의 첫 음절에 악센트를 주며 도도한 느낌으로 한다. 문장의 어미까지 정확하게 발음하며 군더더기 없이 깔끔하게 한다.

⑤ 단아 차분 부드럽고 따듯한 스타일

차분하고 부드럽게 말한다. 자기를 낮추고 어미를 부드럽게 끌고 간다. 호흡은 말이 끝날 때까지 간다. 어미의 여유를 충분히 둔다. 그만큼 상대의 배려가 많기 때문에 옆 사람과 거리를 두지 않고 바로 옆에 붙어 얘기하는 느낌이다.

위에 기술한 특징처럼 자신의 보이스 캐릭터에 맞춰 동그라미 호흡으로 말하기를 연습해보자.

■ 남성 보이스 캐릭터별 텍스트

 ❶ 지적이고 신뢰감 있는 스타일

"부장님, 너무 신경 쓰지 마세요. 저번 프로젝트는 A팀이 몇 달 전부터 준비했던 건입니다. 이번엔 저희가 너무 급하게 진행해서 욕심만 낸 겁니다. 솔직히 정보도 부족했고 시간도 부족했던 건 사실입니다. 하지만 다음 프로젝트는 다를 겁니다. 저희 팀이 가장 자신 있는 분야 아닙니까? 다음 프로젝트는 의기투합해서 반드시 따낼 겁니다."

"호제야, 이번 동창회, 꼭 참석했으면 좋겠다! 네가 빠지면 아무 의미 없는 거 알지? 지난번에도 너 없으니까 왠지 썰렁하더라고. 오랜만에 친구들 만나 한잔하면서 회포도 풀고 못다 한 얘기도 하고 그랬으면 좋겠다. 내가 너 좋아하는 거 알지? 하하하~"

"요즘, 회사 10년 20년씩 다니는 거 결코 쉬운 일 아니야! 한 직장의 근무연한이 평균 4.6년 정도밖에 안 된다고 하더라고. 정년 보장, 평생직장이라는 건 그야말로 꿈같은 얘기일 뿐이야. 그렇다고 무작정 그만둘 수도 없고 정말 문제야 문제. 흠~"

"저에게 있어서 신뢰란 사람과 사람, 회사와 회사, 국가와 국가를 연결해주는 가장 기본적인 밑바탕입니다. 신뢰가 있기에 관계가 형성될 수 있고, 그 관계가 지속되고 발전할 수 있기 때문입니다! 저는 신뢰를 사념으로 하는 이 회사의 일원이 되고 싶습니다!"

"사실, 그 일에 대해서는 나도 왈가왈부하고 싶지 않아! 결과가 어떻게 됐든 이미 지난 일이고, 누구의 잘잘못을 따질 수도 없는 문제고 말이야. 결국 앞으로가 문제 아닐까? 저도 반성하고 있다니까 믿고 지켜보는 수밖에……. 다 잘될 테니까 너무 걱정하지 마!"

"너한테 실망했다는 말은 하지 않을게! 하지만 솔직히 아빠 맘이 그렇게 편하지는 않아. 지난번에 네가 한 약속도 있고, 아빠도 그 약속을 믿고 있었거든. 그런데 결과가 이러니, 좀 그렇다. 그래, 괜찮아, 다음에 살하면 되지 뭐! 우리 치킨 시켜먹을까?"

"이사님, 이 문제에 대해서는 전적으로 저의 책임이 큽니다! 저희 팀원들에게는 책임을 묻지 말아주십시오. 이사님도 아시다시피 이번 프로젝트를 계획한 것도 저고, 실행한 것도 접니다. 제가 모든 걸 책임지겠습니다. 믿어주십시오, 죄송합니다!"

"나는 여러분의 열정과 패기를 응원합니다! 그리고 여러분을 2백 프로 믿습니다. 과제가 어렵고 생소하기는 하지만 여러분이라면 할 수 있습니다. 과제 수행 중에 어려운 문제가 생기면 언제든 저에게 구원 요청을 해주기 바랍니다. 자, 우리 모두 힘냅시다!"

"아버지, 이번이 정말 처음이자 마지막일 거예요! 제가 그동안 그렇게 어려우면서도 아버지께 손 한번 벌린 적 없다는 거 잘 아시잖아요? 아버지, 부탁드릴게요! 정말 열심히 하겠습니다, 아버지께 누 끼치는 일 없도록 하겠습니다. 도와주세요!"

"저기, 이번 여행 못 갈 거 같은데 어떡하지? 회사에서 갑자기 해외 출장 명령이 떨어졌어! 그 동안 여행 준비하느라 고생도 많이 했고, 무척 섭섭할 텐데, 미안해서 어떡하지? 우리 다음에 더 좋은 데 가서 멋진 여행 즐기자. 괜찮지? 미안……."

"호제야, 잘 돼가고 있냐? 어디 음, 여기 이 선이 좀 거친 거 같은데……. 내 생각엔 좀 더 부드럽게 터치해야 할 거 같아, 톤도 조금 더 낮추고 말이야! 무슨 뜻인지 알겠지? 진작 나를 부르지 그랬어? 좋아, 다시 한 번 그려봐! 이번엔 좀 부드럽게, 오케이?"

"김 부장, 이 정도 사안은 김 부장 선에서 그냥 전결로 처리하세요! 굳이 나한테까지 결제 받을 필요 없을 거 같습니다. 그래야 진행 속도도 빨라지고, 업무 효율도 향상되지 않겠어요? 김 부장 의도, 충분히 이해하니까 다음부터는 그렇게 하도록 하세요!"

"너무 걱정하지 마! 네가 왜 그랬는지 나는 충분히 이해해. 사실, 네가 잘못한 것도 아니잖아? 세상에 그런 조건에서 플러스 기록할 투자자가 어디 있겠냐? 마이너스 안 찍은 것만도 대단한 일이지, 안 그래? 손해 보지 않은 게 다행이라고 생각해!"

"그게 아니라니까요! 블랙박스 영상 확인해보면 알 거 아닙니까? 저쪽 차량이 갑자기 제 차 앞으로 끼어들었어요, 깜빡이도 안 켜고. 얼마나 놀랐는지! 그래서 클랙슨 딱 한번 울린 겁니다. 그런데 그 차가 가다 서다를 반복하면서 주행을 방해하더라고요!"

"어르신, 정말 괜찮으세요, 어디 불편한 데 없으시고요? 정말 큰일 날 뻔 하셨어요, 천만다행입니다! 그러니까 횡단보도로 건너시지 그러셨어요? 여기는 차들이 쌩쌩 다녀서 위험하거든요! 다음부터는 불편하시더라도 꼭 저기 신호등 있는 횡단보도로 건너세요!"

"그래서, 넌 어디 다친 데 없고? 그래도 그렇지, 그것들을 가만히 보고만 있었단 말이야? 나한테 전화를 했었어야지! 어우, 내가 거기 있었으면 그냥 한 방에 다 때려잡는 건데……. 그래도 놈들이 잡혀서 다행이다. 아직도 그런 놈들이 활개치고 다닌다니, 내 참!"

"자, 자, 얘들아, 이리 모여 봐! 자, 먼저 이렇게 양손을 주먹 쥐고 가슴에 올린 다음에, 아랫배 쪽으로 힘 있게 쭉 내리면서 '얍!' 하고 기합을 넣는 거야 그리고 다시 양손을 올리면서 오른손 앞으로 왼손 뒤로 이렇게 엇갈리게 하면서 딱 힘을 주고. 알았지?"

"엄마, 사실 내가 여자 친구가 생겼는데, 엄마가 한번 봐주셨으면 해서……. 아니, 뭐 정식으로 인사드리고 그런 건 아니고, 그냥 엄마한테 소개시켜주고 싶어서. 내가 엄마 얘기 엄청 많이 했거든! 그랬더니 되게 궁금한가 봐, 꼭 한번 뵙고 싶다고 그러네!"

"내가 여기 왜 왔는지 알겠지? 너 정말 석훈이한테 그럴 수 있는 거냐? 석훈이 정말 착하고 순수한 애야, 마음도 여리고. 그런 걸 이용해서 돈을 꾸고 안 갚는다는 게 말이 되냐? 그거 걔한테는 피 같은 돈이야! 너 잘나갈 때 걔 한번이라도 도와준 적 있냐?"

"아, 그러셨어요? 진작 말씀하시지 그러셨어요? 이건 센서가 문제 일수도 있고, 아니면 단순히 전구가 나간 걸 수도 있어요. 제가 바로 확인해 볼게요! 음, 역시 제 생각대로 센서 문제는 아니고 전구가 나갔네요. 기사님 부르실 필요 없구요, 제가 이따가 마트 가니까 그때 전구사와서 교체해 놓겠습니다. 언제든지 불편 하신 거 있으면 말씀해주세요, 아주머니!"

"부장님, 이번 회식 장소, 걱정 안 하셔도 됩니다. 제가 아주아주 괜찮은 데로 섭외해놨거든요! 회사에서도 가깝고, 주차하기도 편하고, 분위기도 좋고요. 무엇보다 그 집 고기가 완전 이거더라고요! 부장님, 고기 좋아하시잖아요? 부장님 맘에 정말 떡 드실 겁니다!"

"서현 씨, 우리 이번엔 이렇게 한번 해봅시다! 저쪽 저기서 아주 천천히 걸어오다가 중간에 조연출이 큐 주면 잠깐 멈추는 겁니다. 그러면서 고개 살짝 들어서 하늘 한번 쳐다보고 포즈 잠깐 뒀다가 다시 천천히 이쪽으로 걸어오면 좋을 거 같은데, 할 수 있죠?"

"안녕하십니까? 여러분의 이번 여행 길잡이가 될 가이더 '방금석'입니다. 그냥 '방긋방긋'이라고 부르셔도 됩니다. 자, 다 같이 한번 해볼까요? 방긋방긋~ 네, 좋습니다! 여행 내내 이렇게 방긋방긋 웃으셨으면 좋겠고요, 먼저 오늘 일정에 대해 말씀 드리겠습니다!"

"(미소를 머금고) 정말 많~은 일이 있었던 한해였네! 다들 고생 많았다 친구들! 건배를 하기 전에) 다들 (손으로 가리키며) 영희를 주목해줘. (3초간 포즈) 영희가 드디어 내년에 오월의 신부가 된대~ 여기 영희 때문에 눈물 흘린 남자들 많았는데 이제는 남심저격수 영희를 떠나보내야 할 시간이다. 다들 큰 박수! 영희야. 축하한다~ (박수 유도 제스처) 우리 내년에도 새해 복 많이 받고 건강하고 좋은 일만 가득하자 친구들~ 자! (잔을 높게 든다. 큰소리로) 2018년을 위하여!"

"얘들아, 이번엔 정말 너무한 거 아니냐? 대체 성적이 이게 뭐냐? 아무리 우리 반이 만년 꼴찌지만 이번엔 좀 심한 거 같은데? 우리 반 급훈이 아무리 '성적은 꼴지라도 출석은 일등하자!'라고 해도 니들 급훈 너무

실천 잘하는 거 아니야? 급훈 좀 바꿀까?"

"호제야, 저기, 그게, 뭐냐면…… 미안하다, 니 카메라 고장 냈어! 잠깐, 내 말 좀 들어 봐! 내가 폼 나게 샤워신 하나 찍으려고, 한 손에 카메라 들고 샤워를 하려고 그러는데, 앗! 손에서 미끄러지면서 아뿔싸, 변기로 그만 퐁당! 헤헤~ 미안해서 어떻게 하냐?"

"호제야, 돌아앉아, 아빠가 등 밀어줄게, 옳지! 야, 요 녀석 요 거, 아주 뭐 그냥, 살이 탱글탱글, 토실토실 하니 엄청 실한데? 하하~ 자, 등 대, 그렇지! 아이고, 이 때 좀 봐. 이거 보이냐 이거? 꼭 국수 가락 같네, 한 그릇도 더 나오게 생겼어! 하하하~"

"이게 정말 너 고등학교 졸업 사진이라고? 아닌 거 같은데, 전혀 다른 사람인 거 같은데……. 대체 그 동안 무슨 일이 있었던 거야? 페이스오프를 한 것도 아닐 테고, 희한하네! 역시 강남 칼 솜씨가 좋긴 좋아, 그치? 사람을 완전 딴 판으로 만들어놨네. 하하하~"

"이번 소개팅은 확실한 거지? 지난번처럼 또 요상시런 애 데리고 나오지 말고! 그때 내가 얼마나 충격을 받았는지……. 어우, 지금 생각해도 끔찍하다, 끔찍해! 아무튼 그건 그거고, 이번엔 기대해도 된다 이거지? 이번에 잘 되면 내가 화끈하게 풀코스로 쏠게!"

"이번엔 또 뭐, 스포츠댄스? 엄마, 대체 몇 가지를 배우는 거야? 서예, 수영, 노래에 스포츠댄스까지…… 안 힘들어요? 우리 애 봐주는 건 그렇게 힘들어 하면서……. 아무튼 울 엄마 대단해! 아버지가 뭐라 안 그래? 울 아버지 무던한 것도 알아줘야 한다니까!"

"서현아, 이렇게 하는 건 어떨까? 음, 선생님 생각엔 서현이가 먼저 사과하는 게 좋을 거 같은데. 왜냐하면 네가 먼저 시비를 걸었고, 이건 너도 인정하잖아? 그러니까 네가 먼저 사과를 하는 게 좋지 않을까? 그리고 니시 화해하는 게 순서일 거 같은데, 어때?"

"아, 그래요? 내가 거기까지는 생각 못 했네. 역시 우리 김 과장 꼼꼼한 건 알아줘야 한다니까! 음, 그럼 먼저 그쪽한테 어느 선까지 협조해줄 수 있는지부터 타진해 보세요. 그러고 나서 우리도 액션을 취하는 게 좋을 거 같은데, 김 과장 생각은 어때요?"

"여보, 좀 전에 집에 오면서 장모님하고 통화했는데, 별일 아니라고 그러시네. 당신도 연락 받았지? 거봐, 내가 걱정할 거 없다고 그랬잖아. 그래도 다행이지 뭐, 평소에 워낙 건강관리를 잘하셔서 그런 거야. 아, 한시름 놨다! 하하~"

"아버지, 이제 일 그만하시고 쉬셨으면 좋겠는데, 저, 죄송한 말씀이지만 이제 연세도 많이 드셨고, 건강도 예전만 못하신 거 같고…… 그동안 정말 고생 많이 하셨잖아요? 요즘 아버지 뵈면 왠지 안쓰럽기도 하고 죄송스럽기도 하고……. 이제 좀 쉬세요."

"엄마, 아버지 좀 이해해주면 안 돼? 이번이 마지막이라고 생각하고 그냥 모른 척 하는 게 좋을 거 같아. 아버지도 엄청 후회하는 거 같던데, 완전 기 죽으셨잖아. 울 아버지 원래 남 퍼주는 거 좋아하는 분이잖아! 엄마가 그냥 그러려니 하고 넘어 가, 응?"

"호제야, 무슨 말을 어떻게 해야 할지 모르겠다! 사실 이번엔 나도 어느 정도 기대를 했거든, 하긴 네가 더 그랬겠지만 말이야. 하지만 어쩌겠냐, 결과를 받아들일 수밖에. 그냥 좋은 경험 한 번 더 했다고 생각해! 또 다른 회사 찾아보면 되지 뭐, 안 그래?"

"아, 조금은 알아요. 도농동 쪽에서 고등학교를 나왔거든요."
"(웃음) 그래요? 덕소 고등학교 나오셨군요. 세상 좁네요. 예전부터 인연이 있었나 본데요? 그럼 다음번에는 남양주에서 만나죠. 제가 그쪽으로 갈게요. 아, 여기는 스시가 정말 맛있어요. 일단 메뉴 먼저 고르시죠. 참고로 여기는 특히 샐러드가 일품이에요."

"자, 수고하셨습니다! 오늘 정말 잘하셨어요, 아주 많이 좋아졌어요! 핸들 조작도 좋았고, 방향지시등도 제때 잘 켰고요. 또 끼어들기 할 때도 무리 없이 잘 들어갔고, 다 좋았어요. 다만 브레이크 밟을 때 조금 부드러웠으면 좋겠어요. 어떤 감각인지 아시겠죠?"

"나연아, 정말 삐쳤어, 아니지? 겨우 그런 거 가지고 삐치면 김나연이 아니지, 안 그래? 음, 엄마가 롱 패딩 안 사주는 건 나연이가 미워서 그러는 게 아니야. 너도 엄마 말 들었잖아, 롱 패딩 입기엔 아직 좀 이르다고. 내년에 중학교 가면 아빠가 사줄게, 알았지?"

"서현 씨, 괜찮아요? 너무 마음 상하지 않았으면 좋겠네요! 아니, 사실 이런 말도 소용없을 거 같기는 하지만. 음, 서현 씨도 알다시피 그 친구가 원래 막돼먹지는 않았잖아요? 그 친구, 이번 일로 크게 뉘우치고 많이 후회하고 있으니까 지켜보자고요, 네?"

"저희 레인보우보이스가 타사와 다른 점은 바로 정직과 진심으로 고객을 대하며 수많은 콘텐츠와 인프라를 가지고 있다는 점입니다. 포스트 프로덕션에서 마스터까지 원스탑 토탈 솔루션을 제공하고 있으며 보이스 드라마, 보이스 콘서트, 보이스 북, 낭독, 시 낭송등 다양한 퍼포먼스와 공연으로 여러분과 함께하고 있습니다. 그리고 이를 바탕으로 교육 콘텐츠와 문화소외계층에 대한 문화혜택까지 그 활동 영역을 높이고 있습니다."

"김 과장, 이거 다시 한 번 확인해봐야 하지 않겠어? 지난번에도 이것 때문에 실수할 뻔 했잖아? 괜히 사서 고생하지 말고 사전에 철저히 검토하고 확실하게 체크하는 게 좋겠어! 전무님도 나한테 몇 번씩 물어보시더라고, 그러니까 확실히 해야 해! 알았지?"

"엄마, 몇 번을 얘기해요. 내 일은 내가 알아서 한다니까요, 내가 뭐 한두 살 먹은 어린애도 아니잖아요! 그리고 나 없을 때 내 방에 들어오지 말라고 했죠? 여기 있던 CD 찾느라 한참을 헤맸잖아요. 누가 내 물건 만지는 거 제일 싫어하는 거 아시면서."

"김 선배, 독일 유학 5년이나 했다고 했죠? 그런데 이걸 모른다는 게 저로서는 이해가 안 되네요! 저는 이거 인터넷 검색 몇 번 만에 알아냈거든요. 그리고 선배가 보낸 자료에도 오류가 상당히 많더라고요. 내가 그거 체크하느라 얼마나 힘들었는지 아세요?"

"서현 씨, 나는 이런 턱시도는 별로네요! 사람이 너무 가벼워 보이지 않나요? 아직도 내 취향을 모르겠어요? 컬러풀하고 화려한 거보다는 심플하고 베이직한 게 내 취향입니다. 이거 어때요, 비싸긴 하지만 딱 내 스타일이죠?"

"제 생각으로는 이번 프로젝트는 차라리 포기하는 게 좋을 것 같습니다! 왜냐하면 첫째, 투자 대비 네거티브 요인이 산재해 있습니다. 둘째, 우리 회사는 이런 파트의 마케팅 경험이 일천합니다. 셋째, 우리의 브랜드 이미지에 타격을 받을 수 있기 때문입니다!"

"얘들아, 중구난방할 거 없이 우리 그냥 깔끔하게 더치페이로 하자! 얼마 되지도 않는 거 가지고 왈가왈부해봐야 입만 아프지 않냐? 그냥 N분의 1로 해서 각자 부담하는 게 쿨하고 좋아! 우리나라 사람들은 왜 서로 내겠다고 하는지 이해할 수가 없어!"

"송정희 씨, 이 사직서 반려하겠습니다! 고작 그런 사유로 회사를 그만두겠다는 것을 나는 도저히 받아들일 수 없어요. 나를 어떻게 설득하고 이해시키겠습니까? 송정희 씨 경우처럼 사직한다면 이 회사에 남아있을 사람은 아무도 없을 겁니다!"

"석훈아, 너는 네가 뭘 잘못했는지 알기는 아는 거니? 네 반성문 읽어봤는데, 반성하는 태도도 전혀 없고, 어떤 부분을 왜 잘못했는지도 모르는 것 같아! 일단 잘못한 점은 무엇인지, 어떤 것을 어떻게 반성해야 할지 깊이 생각하고 반성문 다시 작성해!"

"아버지, 감히 말씀 드리는데 제 의지를 꺾으려고 하지 마십시오! 더 이상 아버지의 서포트를 기대하지 않겠습니다. 유학, 제 의지대로 반드시 성사시키고 말 겁니다. 그러니 이제 그만 저를 놓아주셨으면 좋겠습니다. 제 미래는 제가 개척하겠습니다. 죄송합니다!"

❶ 긍정적이며 밝은 스타일

"애들아, 우리 모임 장소, 걱정 안 해도 된다! 내가 아주 아주 좋은 데 찜 해놨거든! 시내에서도 가깝고, 주차하기도 편하고, 분위기도 좋더라고. 그리고 그 집 고기, 완전 짱인 거 있지! 니들 완전 반할걸? 호호호~"

"민재 씨, 우리 이번엔 이렇게 한번 해보자고요! 뭐냐면, 저쪽에서 천천히 걸어오다 중간에 큐 받으면 잠깐 멈추는 거예요. 그리고 고개 살짝 들어서 하늘 한번 쳐다보고 포즈 잠깐 됐다가 다시 천천히 이쪽으로 걸어오면 좋을 거 같은데, 할 수 있겠죠?"

"안녕하세요? 여러분의 여행 길잡이, '오방실' 인사드립니다! 그냥 '방실이'라고 부르시면 됩니다. 자, 다 같이 한번 해볼까요? 방실방실~ 네, 좋아요! 여행 내내 이렇게 방실방실 웃으셨으면 좋겠고요, 자, 그럼 오늘 일정에 대해 말씀 드리겠습니다!"

"그래도 넌 최선을 다했잖아~ 그러니까 너무 후회하거나 힘들어 하지 마. 고생했어, 김나연~ 야! 그 회사는 엄청난 인재를 놓친 거야~ 아마 니가 경쟁회사에 들어가서 날아다니면 그때 가서 아이고 하고 후회할 걸~ 나연아! 우리 바다나 보러 갈까? 바다보고 훌훌 털고 자연산회에다가 소주나 한잔 쪽! 하고 오자! 응? 어때?"

"얘들아, 니들 이번엔 정말 너무했어! 대체 성적이 이게 뭐니? 에효~ 아무리 우리 반이 만년 꼴찌지만 이번엔 좀 심했어. 우리 반 급훈이 아무리 '성적은 꼴지라도 출석은 일등하자!'지만 니들 급훈 너무 잘 실천하는 거 아니야? 우리 반, 급훈 좀 바꿀까?"

"서현아, 저기, 그게, 뭐냐면……. 미안해~엥, 니 카메라 고장 냈어! 잠깐, 내 말 좀 들어 봐! 내가 섹시한 샤워씬 찍으려고, 한 손에 카메라 들고 샤워를 하려는데 그만! 앗! 손에서 카메라가 미끄러지면서 변기로 풍덩! 헤헤~ 미안해서 어떡하니? 아잉~"

"나연야, 돌아앉아, 엄마가 등 밀어줄게, 옳지! 아이고, 요 지지배 요 거, 아주 뭐 그냥, 살이 탱글탱글하니 완전 글래머인데? 호호~ 자, 등 대, 그렇지! 아이고, 이 때 좀 봐? 꼭 우리 나연이가 좋아하는 라면 같이 생겼네, 두 그릇 정도는 충분히 나오겠는걸, 호호~"

"이게 정말 자기 고딩 때 사진이라고? 아닌 거 같은데, 전혀 다른 사람인 거 같은데……. 대체 그 동안 무슨 일이 있었던 거야? 페이스오프를 한 것도 아닐 테고, 희한하네! 역시 세월은 아무도 비켜나가지 못한다니까, 그치? 사람이 완전 딴 판이네, 호호호~"

"이번 소개팅, 확실하지? 지난번처럼 또 요상시런 록커 같은 애 데리고 나오지 말고! 그때 내가 얼마나 충격을 받았는지……. 아유, 지금 생각해도 끔찍하다, 애! 암튼 그건 그거고, 이번엔 기대할게. 이번 소개팅 잘되면 이 언니가 화끈하게 쏜다! 알았지? 헤헤헤~"

"이번엔 또 뭐, 스포츠댄스? 엄마, 대체 몇 가지를 배우는 거야? 서예, 수영, 노래, 사진에 스포츠댄스까지……. 엄마 안 힘들어? 손주 봐주는 건 그렇게 힘들어 하면서……. 아무튼 울 엄마 대단해! 아빠가 뭐라 안 그래? 울 아빠 무던한 것도 알아줘야 한다니까!"

"너 다음 달에 결혼한다며? 웬일이냐, 니가 시집을 다 가고? 아무튼 축하해! 미안하지만 나는 못 갈 거 같아, 해외 출장이 걸려 있거든. 자, 이거! 조금 넣었어. 잘 살아 지지배야, 괜히 신랑한테 책잡히지 말고. 신혼 초에 확 잡는 거 알지? 나처럼 말이야!"

"김 대리, 이거 다시 한 번 확인 안 해봐도 되겠어요? 지난번에도 이것 때문에 실수할 뻔 했잖아요? 괜히 사서 고생하지 말고 사전에 철저히 검토하고 확실하게 체크하세요. 부장님도 나한테 몇 번씩 물어보시던데, 아무튼 확실히 해줘요! 알았죠?"

"엄마, 내가 몇 번을 얘기해! 내 일은 내가 알아서 한다니까, 내가 뭐 한두 살 먹은 어린애도 아니고! 그리고 나 없을 때 내 방에 들어오지 말랬잖아, 여기 있던 CD 찾느라 한참을 헤맸단 말이야. 난 누가 내 물건 만지는 거 제일 싫어하는 거 알잖아?"

"김 선배, 일본 유학 5년이나 했다면서요? 그런데 이걸 모른다는 게 나로서는 이해가 안 되네요! 나는 이거 인터넷 검색 몇 번 만에 알아냈거든요. 그리고 선배가 보낸 자료에도 오류가 상당히 많더라고요. 내가 그거 체크하느라 얼마나 힘들었는지 알아요?"

"여기 이력서를 보니까, 심리학과를 나오셨는데. 전공과는 관련도 없는 이 회사에 지원하게 된 동기가 뭐죠? 그렇군요. 그럼 본인의 전공인 심리학을 통해 어떻게 고객들의 마음을 사로잡고, 우리 회사의 이념에 맞는 콘텐츠를 개발할 수 있는지, 그리고 마지막으로 우리 회사에 입사한다면 어떠한 파트에서 일하고 싶은지 말씀해 주세요."

"제 생각으로는 이번 프로젝트는 차라리 포기하는 게 좋을 것 같습니다! 왜냐하면 첫째, 투자 대비 네거티브 요인이 산재해 있습니다. 둘째, 우리 회사는 이런 파트의 마케팅 경험이 일천합니다. 셋째, 우리의 브랜드 이미지에 타격을 받을 수 있기 때문입니다!"

"얘들아, 시끄럽게 떠들 거 없이 우리 그냥 깔끔하게 더치페이로 하자! 얼마 되지도 않는 거 가지고 입씨름해 봐야 입만 아프지 않니? 그냥 N분의 1로 해서 각자 부담하는 게 쿨하고 좋아! 우리나라 사람들은 왜 서로 쏘겠다고 하는지 이해할 수가 없어, 쳇!"

"김도훈 씨, 이 사직서 반려합니다! 고작 그런 사유로 회사를 그만두겠다는 것을 나는 도저히 받아들일 수 없어요. 부장인 나를 어떻게 설득하고 이해시킬 거죠?
만약 김도훈 씨 경우처럼 사직한다면 우리 회사에 남아있을 사람은 아무도 없을 거예요!"

"석훈아, 너는 네가 무엇을 잘못했는지 알기는 아는 거니? 네 반성문 읽어봤는데, 반성하는 태도도 전혀 없고, 어떤 부분을 왜 잘못했는지도 모르는 것 같아! 일단 잘못한 점은 무엇인지, 어떤 것을 어떻게 반성해야 할지 깊이 생각하고 반성문 다시 작성해!"

"아빠, 말씀 드리기 좀 그렇지만, 내 의지를 꺾지 말아주세요! 더 이상 아빠의 도움을 바라지 않을 게요. 유학, 그냥 내 의지대로 반드시 가고야 말 거예요. 그러니 이제 그만 나를 해방시켜주세요! 아빠, 내 미래는 내가 헤쳐 나갈게요, 죄송해요!"

"여러분, 어제 배운 거 복습 많이 하셨나요? 네, 좋아요! 오늘부터는 조금 더 어려워지니까 긴장 유지하시고 집중력 잃으시면 안 됩니다, 아셨죠? 그리고 간혹 박자를 놓치시는 분이 있는데, 누구인지는 본인이 더 잘 알겠죠? 호호~ 자, 그럼 시작해볼까요?"

"제가 이런 큰 상을 받게 될 거라고는 사실 상상하지 못했습니다. 이 자리에 서기까지는 저 혼자만의 힘으로 온 것은 아니라고 생각합니다. 곁에서 묵묵히 도와주셨던 많은 분들, 그리고 항상 저의 편이 되어주었던 가족들이 있기에 가능했다고 생각합니다. 오늘 받은 이 상은 여기서 만족하라는 의미가 아니라 앞으로 더 열심히 하라는 채찍질로 알고 더욱 노력하도록 하겠습니다. 정말 감사합니다."

"고객님, 이 보험 상품은 기존의 일반적인 상품들과 비교할 수 없을 정도로 탁월하답니다! 보장 내용은 물론이고 인센티브나 옵션 등에서 기존 상품들에 비해 파격적이면서도 안정성에 우위를 보이고 있죠. 절대 후회하지 않을 정말 탁월한 선택이 되실 겁니다!"

"김나연 씨, 요즘 많이 힘들죠? 신입이라 업무도 익숙하지 않고 환경도 많이 낯설 거예요. 또 상사나 선임과의 관계나 처신도 힘들 거고요. 그래도 내가 보기에 김나연 씨는 참 잘하고 있어요. 항상 미소를 잃지 않는 긍정적인 모습이 정말 좋아 보여요, 그렇죠?"

"제가 제출한 휴직계 받아주셨으면 합니다! 휴직계에 기술한 내용대로 마침 모교에서 연구원 오더를 주셨고, 저 역시 원했던 일이었습니다. 제가 퇴직 대신 휴직을 선택한 것은 본사가 제 비전을 이해하고 수용해주었기 때문입니다. 휴직, 허락해주십시오!"

"학부모의 입장으로 선생님께 뭐라 드릴 말씀이 없습니다! 죄송합니다, 진심으로 사과드립니다. 저희 아이 문제로 인해 상심하셨을 서현이 부모님께도 죄송하다는 말씀 드렸고, 서현이 본인에게도 사과의 뜻을 전했습니다. 다시는 이런 일 없도록 하겠습니다!"

"여보, 다음 주에 아버님 생신인 거 알죠? 이번 주부터 스케줄 조정 잘해야 해요! 또 지난번처럼 깜빡 하고 늦지 말고요. 음, 그나저나 선물은 뭐로 할지 고민이네……. 여보, 아버님 선물 뭐가 좋을까요? 아무래도 같은 남자니까 당신이 더 잘 알 거 같은데, 그렇죠?"

"정희야, 우리 조금만 더 노력하는 건 어떨까? 선생님이 보기에 정희 너는 집중력도 좋고, 인내심도 강한 학생이거든. 그런데 뭐랄까, 항상성 같은 거, 그러니까 변함없이 꾸준히 밀고 나아가는 힘이 좀 약한 거 같아서 말이야. 정희야, 어때, 할 수 있겠지?"

"엄마, 섭섭해 하지 말고…… 음, 이제 반찬 안 해 오셔도 돼요. 사실 얼마 전부터 회사 사람들하고 지역 조합에서 반찬, 채소, 과일, 공동 구매해서 나눠 먹거든. 물론 엄마 표 음식에 비하면 턱도 없지만! 엄마, 이제부터 편하게 와서 재미있게 놀다 가세요, 알았죠?"

"제 생일을 축하해주셔서 정말 감사 드려요! 식구들끼리 간단하게 외식이나 하려고 했는데 일이 이렇게 커져버렸네요, 죄송해요. 티 안 내려고 했는데 조기 조 송서현이 소문내는 바람에 그만, 호호~ 아무튼 감사드리고, 맛있게 드시고 재미있게 놀다 가세요!"

❹ 지적인 스타일

"김수한 씨, 수고가 많네요! PT 준비는 잘 되고 있는지, 어려움은 없는지 해서……. 이번 프로젝트, 중요한 거 알죠? 사장님도 기대가 크신 거 같더라고요, 나 역시도 그렇고요. 힘들어도 우리 조금만 더 힘냅시다. 건강 챙겨가면서 너무 무리하지 마시고. 알았죠?"

"정희야, 이번 동창회, 꼭 참석했으면 좋겠어! 네가 빠지면 아무 의미 없는 거 알지? 지난번에도 너 없으니까 왠지 썰렁하더라고. 오랜만에 친구들 만나 맛있는 거 먹으면서 스트레스도 풀고 수다도 떨고 그랬으면 좋겠다. 내가 너 좋아하는 거 알지? 호호호~"

"요즘, 여자치고 회사 10년 넘게 다니는 거 결코 쉬운 일 아니야! 여성 직장인의 평균 근무연한이 평균 3.7년밖에 안 된다고 하더라고. 정년 보장, 평생직장이라는 건 정말 꿈 같은 얘기야. 그렇다고 부작정 그만둘 수도 없고. 에효~ 정말 문제야 문제……."

"이번 작품은 그 어느 때보다 참 오랫동안 준비했습니다. 최근 몇 년간 우리 사회는 많은 시련과 갈등을 겪어왔죠. 저는 이런 현상을 바라보며 객관성을 잃지 않고 우리 사회의 모습을 있는 그대로 담아내려고 노력했습니다. 여러분들이 제 작품을 통해 자기 자신을 돌아보고 우리이웃을 돌아보며 나아가 우리 사회를 돌아보는 계기가 되었으면 합니다."

"사실, 그 일에 대해서는 두 번 다시 얘기하고 싶지 않아! 결과가 어떻게 됐든 이미 지난 일이고, 누구의 잘잘못을 따질 수도 없는 문제고, 안 그래? 결국 앞으로가 문제 아닐까? 저도 반성하고 있다니까 믿고 지켜보는 수밖에……. 아, 머리 아파!"

"너한테 실망했다는 말은 하지 않을게! 하지만 솔직히 엄마 맘이 그렇게 편하지는 않아. 지난번에 네가 한 약속도 있고, 엄마도 그 약속을 믿고 있었거든. 그런데 결과가 이러니, 좀 그렇다. 그래, 괜찮아, 다음에 잘하면 되지 뭐! 우리 피자 시켜먹을까?"

"부장님, 이 문제에 대해서는 전적으로 저의 책임입니다! 저희 팀원들에게는 책임을 묻지 말아주세요. 부장님도 아시겠지만 이번 프로젝트는 계획도 제가 했고, 실행도 제가 했습니다. 제가 모든 걸 책임실게요. 어떤 처분도 감수하겠습니다, 죄송합니다!"

"나는 여러분의 열정과 패기를 응원합니다! 그리고 여러분을 2백 프로 믿습니다. 과제가 어렵고 생소하기는 하지만 여러분이라면 할 수 있습니다. 과제 수행 중에 어려운 문제가 생기면 언제든 저에게 구원 요청을 해주기 바랍니다. 자, 우리 모두 힘냅시다!"

"아빠, 이번이 정말 처음이자 마지막이에요! 내가 그 동안 그렇게 어려우면서도 아빠한테 손 한번 벌린 적 없다는 거 잘 알잖아요? 아빠, 부탁해요, 제발! 정말 열심히 할게요, 아빠, 나 믿죠? 아빠한테 떳떳한 딸이될게요. 아빠, 한번만 도와주세요, 네?"

"저, 그게, 이번 여행 못 갈 거 같은데 어떡해? 회사에서 갑자기 해외 출장 명령이 떨어졌어! 자기, 그 동안 여행 준비하느라 고생도 많이 했고, 무척 설 을 텐데, 미안……. 삐친 거 아니지? 우리 다음에 더 좋은 데 가서 멋진 여행 즐기자. 괜찮지? 좀 웃어 봐~"

❺ 단아 차분 부드럽고 따듯한 스타일

"서현아~ 음, 우리 이렇게 하는 건 어떨까? 선생님 생각엔 서현이가 먼저 사과하는 게 좋을 거 같아. 왜냐하면 네가 먼저 시비를 걸었고, 이건 너도 인정하지? 그러니까 네가 먼저 사과를 해야 하지 않을까? 그러고 나서 화해하는 게 순서일 거 같은데, 어때?"

"아, 그래요? 내가 거기까지는 생각 못했네. 역시 우리 나연 씨 꼼꼼한 건 알아줘야 한다니까! 음, 그럼 먼저 그쪽한테 어느 선까지 협조해줄 수 있는지부터 타진해 봐요. 그리고 나서 우리도 액션을 취하는 게 좋을 거 같은데, 김나연 씨 생각은 어때요?"

"여보, 좀 전에 아버님하고 통화했는데, 별일 아니라고 그러시네. 당신도 연락 받았지? 거봐, 내가 걱정할 거 없다고 그랬잖아, 누가 효자 아니랄까 봐. 그래도 다행이지 뭐, 평소에 워낙 건강관리를 잘하셔서 그런 거니까. 아, 한시름 놨다! 호호호~"

"아빠, 이제 일 그만하고 쉬면 안 돼? 저, 말하기 좀 그렇지만, 이제 아빠 연세도 많이 드셨고, 건강도 예전만 못한 거 같고……. 아빠, 정말 고생 많이 했잖아요? 요새 아빠 보면 음, 뭐랄까, 안쓰럽기도 하고 미안하기도 하고……. 아빠, 이제 좀 쉬세요, 네?"

"엄마가 아빠 좀 이해해주면 안 돼? 이번이 마지막이라 생각하고 그냥 모른 척 하는 게 좋을 거 같아. 아빠도 엄청 후회하는 거 같던데, 엄마가 봐도 그렇지? 울 아빠 원래 남 퍼주는 거 좋아하는 거 엄마도 알잖아! 그냥 엄마가 그러려니 하고 넘어 가, 응?"

"정희야, 너한테 무슨 말을 어떻게 해야 할지……. 사실 이번엔 나도 어느 정도 기대를 했거든, 하긴 네가 더 그랬겠지만. 하지만 어쩔 수 없잖 아, 결과를 받아들여야지 뭐. 정희야, 그냥 좋은 경험 한 번 더 했다고 생각해! 다른 회사 찾아보면 되잖아, 안 그래?"

"은경아. 많이 힘들어? 짜잔! 이게 뭔지 알아? 내가 너 좋아하는 전복죽 사왔어. 맛있겠지? 잠깐만 기다려. 내가 숟가락이랑 반찬 꺼내올게 같 이 먹자~ 자 뜨거우니까 천천히 먹어. 급하게 먹다가 체할라. 맛있게 먹 어주니까 내가 더 고맙네. 이거 먹고 빨리 나아. 알았지? 그리고 너 나랑 약속해. 이제부터는 이렇게 독감 걸리기 없기야. 알았지 은경아?"

"자, 수고하셨습니다! 오늘 정말 잘하셨어요, 아주 많이 좋아지셨어요! 턴 동작도 좋았고, 리듬도 제대로 잘 타셨고요. 또 스텝 밟을 때도 부드 럽게 잘 하셨고, 다 좋았어요. 다만 손동작 하실 때 조금 더 부드러웠으 면 좋겠어요. 어떤 느낌인지 아시겠죠?"

"서현아, 정말 삐쳤어, 아니지? 겨우 그런 거 가지고 삐치면 송서현이 아니지, 안 그래? 음, 아빠가 롱패딩 안 사주는 건 서현이가 미워서 그러 는 게 아니야. 너도 아빠 말 들었잖아, 롱패딩 입기엔 아직 좀 이르다고. 내년에 중학교 가면 엄마가 사줄게, 알았지?"

"정희 씨, 괜찮죠? 너무 마음 상해하지 않았으면 좋겠네요! 아니, 사실 이런 말도 소용없을 거 같기는 하지만. 음, 정희 씨도 알겠지만 김 대리 가 원래 막돼먹지는 않았잖아요? 김 대리도 이번 일로 크게 뉘우치고 많이 후회하고 있으니까 지켜보자고요, 네?"

지금까지 보이스 스타일링의 마지막 과정인 보이스 캐릭터 만들기를 완수했다. 우리는 행동으로, 외모로, 지식으로 자신의 캐릭터를 만든다. 하지만, 자신의 목소리를 정면으로 마주하고 보이스 캐릭터를 만들 생각은 좀처럼 하지 못 했다. 그렇다고 위에 기술한 캐릭터가 이 세상에 존재하는 모든 보이스 캐릭터라는 것은 아니다. 다만, 여러분들이 보이스 캐릭터를 만드는데 참고할 만한 대표적인 유형들을 정리한 것이다. 위의 캐릭터에 지금까지의 훈련과정을 통해 얻은 '제대로 말하는 법'과 자신의 개성을 덧붙인다면 이 세상 유일무이한 당신만의 보이스 캐릭터가 완성될 것이라 믿는다.

물론 지금까지 그래왔듯이 결코 쉽지 않은 긴 여정이고, 앞으로도 한참을 더 가야할지 모른다. 보이스 스타일러로서 나는 여러분 모두가 부단한 훈련을 통해 '제대로, 즐겁게, 당당한 말하기'에 성공하기를 바란다.

나오는 말_

말이 인생을 바꾼다.

– 보이스 스타일링을 통한 자신감 회복

보이스 스타일링을 통해 내 호흡으로 내 목소리를 찾고 제대로 말하기가 되면 어떤 사람을 만나든 어떤 자리에 가든 내 목소리로 내 생각을 표현할 수 있고 소통과 공감을 이끌어 내는 당당한 내 자신을 만날 수 있다.

보이스 스타일링은 나를 찾아가는 과정이다. 보이스 스타일링을 접하고 연습하는 하루하루를 통해 멋진 내 모습을 발견하게 될 것이다. 내 목소리를 알고 사랑하게 될 것이며 곧 자신을 사랑하게 되면서 삶에 자신감이 생길 것이다. 언제 어디서든 당당하게 소리를 낼 수 있게 되어 대인관계도 좋아지고 내가 하는 일에도 자신감이 생길 것이다.

먼저 내 호흡에 직면하자. 그런 후 말하기 호흡을 통한 동그라미 호흡을 계속하게 되면 몸의 중심이 잡히며 바른 몸의 습관을 가지게 될 것이다. 자세가 바르게 되면 내 몸에 대한 관심이 생기고 예민해지며 내 호흡에 대한 올바른 시선을 가지게 되어 잘못된 호흡과 몸의 습관을 체크하여 교정해 나갈 수 있다. 동그라미 호흡을 통해 관계와 상황 때문에 만들어졌던 변형된 나의 모습이 어린아이로 돌아가면서 순수한 나, 선한 나를 찾게 된다. 고향의 품 엄마의 품이 편안하듯이 안정된 나를 만나게 되는 것이다.

대표는 회사의 이미지를 담당한다. 그런 대표들은 보이스 스타일링을 통해 정직하고 멋있는 자신의 목소리를 찾게 될 것이며 분명한 전달력과 말의 힘이 생길 것이다. 회사 매출도 물론 늘어날 것이며 품격까지 갖춘 대표는 사원들의 존경을 받게 되고 다른 대표들 사이에서도 더욱 빛나게 될 것이다. 비단 대표들 뿐 아니라 다양한 직종에서 사람들은 대중들 앞에 나서야 할 경우는 무궁무진하다. 이렇게 대중들 앞에서 무언가를 설명하거나 발표할 때 분명한 전달력을 가지게 될 것이다.

또한 우리말 한글에 대한 사랑이 생길 것이다. 산 사과 배 자동차 사랑 하늘 등등 수많은 단어들이 새롭게 보이면서 언제나 쓰고 지나쳤던 단어에 대해서 곱씹게 되어 그 진정한 의미에 다가갈 수 있다. 한글을 사랑하게 되고 내가 쓰는 이 언어에 애정이 생길 것이다. 실제 수강생들도 같은 눈과 눈: 에 대해 장단음이라는 새로운 사실을 알게 되면서 한글에 대해 다시 생각해 보는 것을 보았다. 제대로 알고 써야 한다는 의식이 생기게 된 것이다. 한글은 아름다운 언어다. 한글에 대한 소중함과 위대함을 알게 될 것이다.

보이스 스타일링 중 감정표현 훈련을 통해 평상시 내 감정에 솔직하게 다가가는 법을 알게 될 것이며 더 건강하게 감정을 표현하는 법을 알게 될 것이다. 단어들이 가지는 수많은 의미와 내포한 감정들을 느끼며 그 의미를 있는 그대로 받아들여서 건강한 표현을 할 것이다. 내 감정을 숨길 필요 없다. 오히려 내 감정을 풀어 놓음으로서 자신을 억압해 왔던 편견과 갈등이 해소될 것이다. 다양한 상황에 맞는 말투를 쓰는 데도 도움이 될 것이다. 또한 내성적인 사람은 외향적으로 더 적극적인 삶을 꾸려나가게 될 것이다.

이 얼마나 아름다운가. 이것은 외모를 성형하는 것과는 차원이 다르다. 쌍꺼풀 수술을 하고 헤어스타일을 바꾸는 것이 아니다. 나의 내면이 가꿔지고 단단해지고 예뻐진다면 외모적 성형은 더 이상 필요 없다.

보이스 스타일링은 내 호흡을 느끼며 내 호흡을 타고 나오는 나의 목소리를 찾아 세상과 만나 소통하는 것이다. 나의 목소리가 얼마나 좋은 목소리인지 알게 되어 눈물을 흘리는 사람도 있다. 어떤 수강자는 냉정하고 차가운 목소리라고 생각했는데 너무나 따뜻하고 포근한 목소리라 스스로 경이롭고 행복함을 느꼈단다. 이처럼 수많은 사례들을 통해 스스로를 찾아가는 과정을 지켜보았다. 당신은 바뀔 것이며 당신은 당신의 주변 사람들에게 보이스 스타일링을 추천하게 될 것이다.

내 목소리와 올바른 말하기는 그냥 되지 않는다. 표정과 느낌이 선행돼야 마지막 말하기가 이루어지기 때문이다. 내 목소리를 찾아서 말을 제대로 하려면 나의 마인드와 표정까지 변화되어야 한다는 걸 알게 된다. 결국은 보이스 스타일링이 내 전체를 스타일링 하게 되는 것이다.

이제 저는 이 책을 통하여 여러분 모두 자신의 호흡과 목소리를 찾고 보이스 캐릭터를 완성하여, 어느 자리에서 누구를 만나든 다양한 목소리로 갈아입으며 세상 속으로 당당히 걸어가기를 응원합니다.

끝으로 소중한 나의 아이들을 정성껏 보살펴주시고, 내가 온전히 목소리에 집중하며 성장할 수 있도록 사랑으로 응원해주신 존경하는 나의 어머니 진판금 여사님께 이 책을 바칩니다.

2018. 5. 29.

김나연

보이스 스타일링!

말만 들어도 근사하다. 내 보이스가 매력석으로 스타일링 될 수만 있다면 얼마나 멋진 일이겠는가. 그런데 가능할까?

내 직업은 말을 통하여 이루어진다. KBS 아침마당 목요특강 등 여러 방송사에서 특강하고, 법무연수원, 한국전력, 삼성전자 등 기업에서 재무설계 및 자산관리에 대해서 강의하고, 서울대학교, 건국대학교 등 대학에서 학생들에게 강의하고, 많은 사람들과 상담한다. 제법 인기도 있다. 명강사라는 소리도 많이 듣는다. 그래서 나는 말을 잘하고 목소리가 좋은 줄 알았다. 그런데 내가 출연한 방송을 다시 보면 아쉬운 점이 늘 있었다.

그러던 차에 성우 김나연 선생을 알게 되었고 내가 출연한 방송 모니터링을 부탁했다. 몇 가지 지적이 있었는데 쉽게 고쳐지지 않았다. 체계적인 강습을 부탁했다. 그런데 몇 년 동안 별 반응이 없었다. 그러는 동안에 김나연 선생 주변의 지인들로부터 나처럼 부탁하는 사람들이 많았었나보다. 그래서 이 책을 쓰기 시작했다고 한다.

김나연의 보이스 스타일링을 통해서 목소리와 대화법이 향상될 수 있다. 이 책은 다른 대화법 책들이나 스피치 책들과 다르다. 가장 매력적인 목소리는 '내 목소리'이며 가장 잘하는 대화는 '공감하고 배려하는 대화'라는 것이다.

내 목소리는 가슴이나 목, 입안에서 나오는 목소리가 아니라 배(단전)에서 나오는 목소리이고, 공감하고 배려하는 대화는 '원을 그리며 말하는 것'이라고 말하고 있다. 말만 들으면 무슨 말인지 이해하기 쉽지 않다. 그런데 이 책에서 가르치고 있는 기술을 적용하면 의외로 간단하면서도 쉽다.

배에서 소리가 나게 하는 방법은 '숨을 들이쉰 다음 날숨'에 말하면 되고, 원을 그리는 대화법은 '상대방의 호흡'에 맞추어 말하고 들으면 된다는 것이다. 이 방법으로 시도하고 연습하니 목소리가 안정되고 매력적으로 변해가는 것을 느낄 수 있었다. 나는 요즘 틈만 나면 날숨을 이용하여 소리 내어 책을 읽고 있다. 신기한 것은 날숨에 소리 내어 책을 읽으면 2시간 이상을 읽어도 지치지 않고 입이 마르지 않는다는 거다. 여러분도 시도해보길 바란다.

보이스 스타일링을 통해 매력적인 보이스의 주인공이 되길 바란다.

오종윤 대표
(한국금융소비자학회 이사, 오토월드 BMS 대표이사, 한국재무설계)

추천의 말_

나는 심리학을 전공했고 지금도 현장에서 많은 상담과 심리치료를 하고 있다. 사람들에게 의식을 전달하는 직업을 가졌기에 평상시에 말을 많이 하는 편이고 언제나 대화가 중요하다는 인식을 가지고 있었다. 잘못된 말하기는 상대방으로 하여금 또 다른 문제를 불러일으킨다는 사실 또한 알고 있었다. 하지만 그런 나조차 지금껏 상담자에게 팩트 전달자로서의 역할만 해왔다는 생각이 든다. 보일러의 김나연 대표를 만나기 전까지는 말이다.

예전에는 그저 예쁘게 말하는 것에만 신경을 썼다. 그것이 올바른 말하기는 아니었지만 적어도 내 말하기에 관심은 있었던 것이다. 하지만 나이가 들면서 말하기에 대한 관심은커녕 내가 너무나 편하게만 말하고 있는 것은 아닌가 하는 생각이 들었다. 하루 종일 상담을 해야 하는 직업상 그렇게 해야 내가 힘들지 않기 때문이다. 그러던 어느 날 운명처럼 김나연 대표를 만났다. 올바른 말하기에 대한 갈증이 밀려올 때 쯤 김나연 대표는 나에게 단비 같은 존재로 다가왔다. 그리고 결론적으로 김나연의 보이스 스타일링은 나를 본질적으로 바꿔 놓았다.

처음엔 막연하게 '그래, 한번 해보자. 이게 내가 답답해하는 나의 문제점, 나의 대화법에 어느 정도 답을 줄 수 있을 거야.' 정도의 생각으로 시작했다. 수업이 몇 차례 진행되었지만 사실 나는 좀처럼 감이 오지 않았다. 수십 년을 내 마음대로 말해온 잘못된 말하기 습관은 짧은 시간 내에 바로 잡히기 힘들었다. 하지만 나는 꾸준히 수업에 집중하고 노력했다. 그러던 중 5주차쯤 되었을 때인가, 어느 순간 내 일상생활 속으로 보이스 스타일링이 스며드는 것을 느꼈다. 억지로 인식하지 않아도 나는 나의 호흡을 쓰기 시작했고, 상대방이 보이기 시작했으며, 마침내 비로소 나만의 보이스 캐릭터를 제대로 찾아 올바른 말하기를 하고 있다는 생각이 들었다.

대화는 사람과 사람 사이에 가장 중요한 소통수단 중 하나다. 심리학에서도 사람이 태어나서 자신의 의식구조, 생각, 감정 따위를 언어로 표현하기 시작하는 시점을 굉장히 중요한 시기라고 본다. 하지만 많은 사람들이 말하기를 제대로 하지 못하고 그 중요성을 잘 알지 못하고 있는 것이 현실이다. 말하기란 그저 단순히 학문적 지식이 많거나 유창하게 말하는 스킬이 좋다고, 혹은 멋들어진 목소리를 가졌다고 해서 풀 수 있는 것이 아니다. 또한 잘못된 말하기로는 나의 생각과 마음을 온전하게 상대에게 전달할 수 없다. 설득은 더더욱 힘들다. 말 한마디에 천 냥 빚을 갚고, 말 한마디에 원수가 된다는 속담이 새삼 더 깊이 마음속에 다가오는 이유다.

김나연의 보이스 스타일링은 단순한 스피치와는 개념이 완전히 다르다. 그것은 말하기의 기술이나 발성, 발음을 배우는 과정이 아니다. 그것은 올바른 말하기의 본질에 접근한다. 나의 호흡을 찾고 세상에서 하나뿐인 가장 아름다운 나의 목소리를 찾으며, 언어에 대한 바른 이해와 나의 감정에 솔직하게 접근하는 법을 알려준다. 그리고 그 과정에서 상대에 대한 배려를 깨닫게 하고 상대와 함께 공감하는 올바른 소통을 이해하게 된다. 그리고 어느새 그것을 일상생활에 접목시키게 된다. 그러면 삶이 바뀐다. 더 이상 남 앞에서 서서 말하는 게 두렵지 않으며 대화에 자신감이 생긴다. 나의 자존감은 높아지며 세상 속에 나의 존재를 올바르게 인식하게 된다. 이것은 한마디로 진정한 나를 찾아가는 여정이다.

김나연의 보이스 스타일링은 곧 행복이라 단언한다.

여러분도 보이스 스타일링으로 이 행복을 만끽하기를 진심으로 바란다.

박수경(심리학 박사)

말의 품격을 더하는
보이스 스타일링

1판 1쇄 발행 2018년 7월 11일
1판 2쇄 발행 2018년 8월 30일

지은이   김나연

발행인   김성룡
코디   정도준
편집   김은희
삽화   이지현
디자인   김민정

펴낸곳   도서출판 가연
주소   서울시 마포구 월드컵북로 4길 77, 3층 (동교동, ANT빌딩))
구입문의   02-858-2217
팩스   02-858-2219